Miguel Palma

CON LA CIENCIA
DINOSAURIOS

3ra. edición

EDITORIAL

ALBATROS

Hipólito Yrigoyen 3920 (1208) Capital Federal — República Argentina
Tel. 981-1161 / 982-5439 / 983-2332

Diseño de Tapa: Jorge L. Deverill
Composición de Interiores: Creagraf
Ilustraciones: Matejka
Asesora Psicopedagógica: Lic. Lucía Molteni
Asesora de Redacción: Prof. Susana Chiappetti

I.S.B.N.: 950-24-0522-6

Se ha hecho el depósito previsto en la ley 11723
Prohibida la reproducción parcial o total

©Copyright 1993, by **EDITORIAL ALBATROS, SACI**
Hipólito Yrigoyen 3920, Buenos Aires,
República Argentina
IMPRESO EN LA ARGENTINA / PRINTED IN ARGENTINA

Para Lucas, María Victoria, Alejo, Francisco e Ignacio, dueños absolutos del futuro

A Marina, a Diana I.B. y a la gente de Albatros

El mundo de los dinosaurios

La mayoría de la gente confunde a los dinosaurios con otros animales también extinguidos.
En estos dibujos, solamente dos corresponden a dinosaurios. ¿Puedes encontrarlos?

Introducción

La mayoría de las personas conoce los dinosaurios. Muchas los han visto en numerosas películas de ciencia-ficción, en historietas o, de cuando en cuando, en los diarios, cuando en algún lugar lejano se desentierran misteriosos huesos gigantescos. Si a estas personas les preguntaras qué es un dinosaurio, seguramente obtendrías respuestas como éstas:

 a) los dinosaurios fueron enormes bestias que vivieron en la prehistoria;
 b) los dinosaurios eran animales muy torpes; todos eran enormes y muy lentos;
 c) el hombre prehistórico tenía que luchar contra los dinosaurios para poder sobrevivir.

Estas respuestas no coinciden para nada con la idea que los científicos tienen sobre los dinosaurios. En las próximas páginas comenzaremos una aventura muy especial: iremos en busca del verdadero mundo de los dinosaurios, tal como lo conocen actualmente los científicos e investigadores.

Ideas equivocadas

Historietas como la de la página anterior son comunes, y mucha gente cree que los dinosaurios son como los animales representados en ellas: bestias gigantes que luchaban entre sí y contra el hombre primitivo, prácticamente indefenso. Lo cierto es que ningún ser humano vio jamás un dinosaurio vivo, por la sencilla razón de que éstos desaparecieron muchísimo antes de que el primer ser humano viviera sobre la Tierra.

Había dinosaurios muy grandes, como los dibujados en la historieta, pero eran muy comunes los dinosaurios de mediano y pequeño tamaño, como el que vemos en esta página, comparado a escala con un gato actual.

Cómo leer el libro

La mayoría de los museos de todo el mundo tienen en sus colecciones esqueletos o huesos fósiles de dinosaurios. Pero, como a veces estos museos quedan a gran distancia del lugar donde viven, te invitamos a que lleves los dinosaurios a tu propia casa...
El libro que tienes en tus manos está pensado para que, a medida que vayas leyendo cada una de sus partes, puedas investigar y armar tu propia colección de dinosaurios.

Para ello debes buscar a lo largo del libro las "dino-ideas", marcadas por el logo que ves a la derecha y que corresponde a diversas actividades muy especiales.

Cada vez que encuentres este logo habrás ingresado en el "club del dinosaurio", en donde descubrirás secretos y curiosidades de estos asombrosos animales.

Para tu comodidad, hemos dividido el libro en varias secciones:

- Introducción
- Cómo se conservaron los dinosaurios
- Cómo eran los dinosaurios
- Diferentes tipos de dinosaurios
- Cuándo y dónde vivieron los dinosaurios

En la parte final del libro encontrarás las indicaciones para construir un móvil y una minimaqueta o diorama de los dinosaurios.

Qué necesitamos:

Te sugerimos que cada vez que realices una de las actividades e investigaciones propuestas en el libro, tengas a mano todos los materiales necesarios; así evitarás perder tiempo y podrás trabajar en forma ordenada, tal como lo hacen los científicos. Es conveniente que dispongas de elementos de limpieza como papeles de periódico, trapo húmedo, bolsas de residuos, escoba, etcétera. De esta manera, podrás mantener el lugar de trabajo limpio y ordenado.

Cómo se conservaron

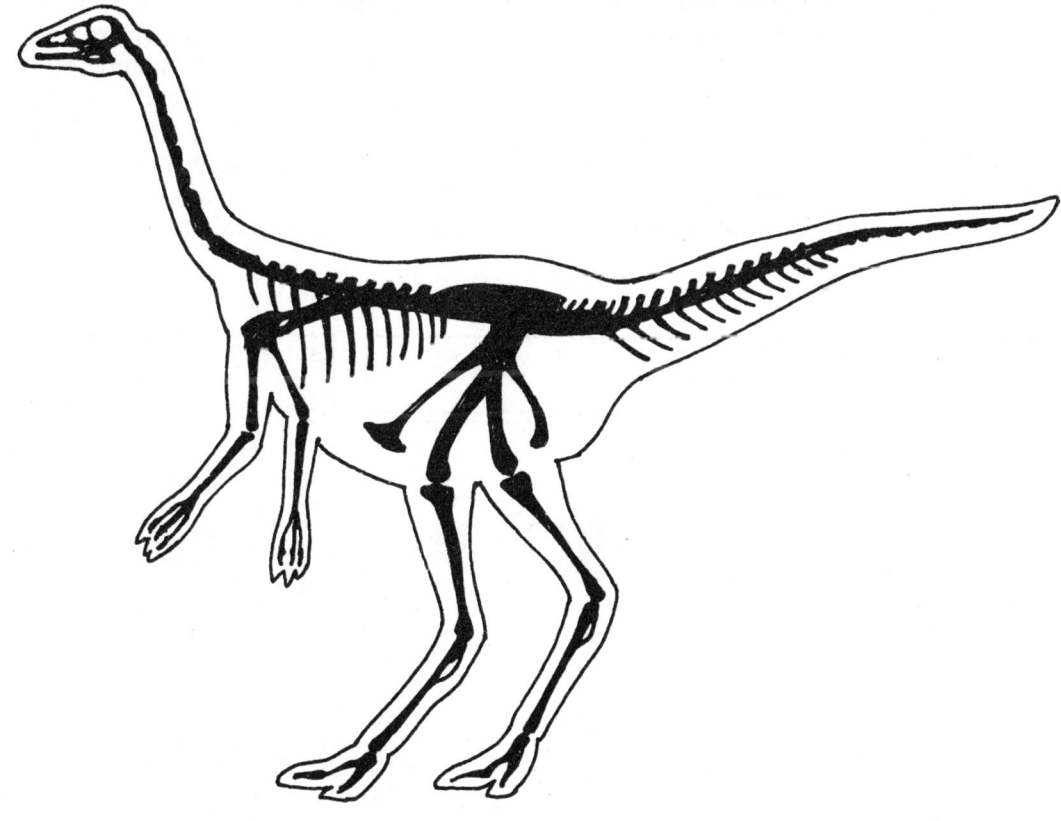

¿Te has preguntado alguna vez cómo pueden los científicos saber tanto sobre los dinosaurios si éstos han desaparecido por completo hace millones de años?

Recuerdos de un pasado remoto

Todo lo que sabemos acerca de los dinosaurios y también de muchísimos otros animales y plantas, desaparecidos hace millones de años, proviene de tesoros escondidos en las rocas del interior de la Tierra: **los fósiles.**
Los fósiles son verdaderas pistas que permiten reconstruir la vida de nuestro planeta, tal como era mucho antes de que apareciera el hombre.

Cómo se forma un fósil

Cuando un ser vivo, animal o vegetal muere, sus cuerpos se suelen descomponer y, con el tiempo, desaparecen por completo. Pero, en algunas ocasiones, un animal, por ejemplo, un dinosaurio, puede caer hasta el fondo de un lago o mar poco profundo(1). Allí sus restos son cubiertos por arena o por barro antes de que se pudran por completo(2). Las partes blandas del cuerpo, como la piel, los músculos y los órganos se desintegran, pero los huesos, dientes o caparazones, de consistencia dura, permanecen más o menos inalterados y, lentamente, se transforman en mineral. También la arena o el barro que encierran al fósil se convierten en rocas como la arenisca o arcilla(3). Pueden pasar varios millones de años enterrados hasta que movimientos de la corteza terrestre levantan las capas de rocas con fósiles y, lo que antes era el fondo de un lago o de un mar ahora puede ser la ladera de una montaña o una barranca elevada(4). Por último, las lluvias, el calor o el frío intenso, la acción del mar o del viento van gastando y desmenuzando las rocas y liberando de su encierro sin tiempo a los fósiles, quedando listos para que nosotros los extraigamos y estudiemos(5).

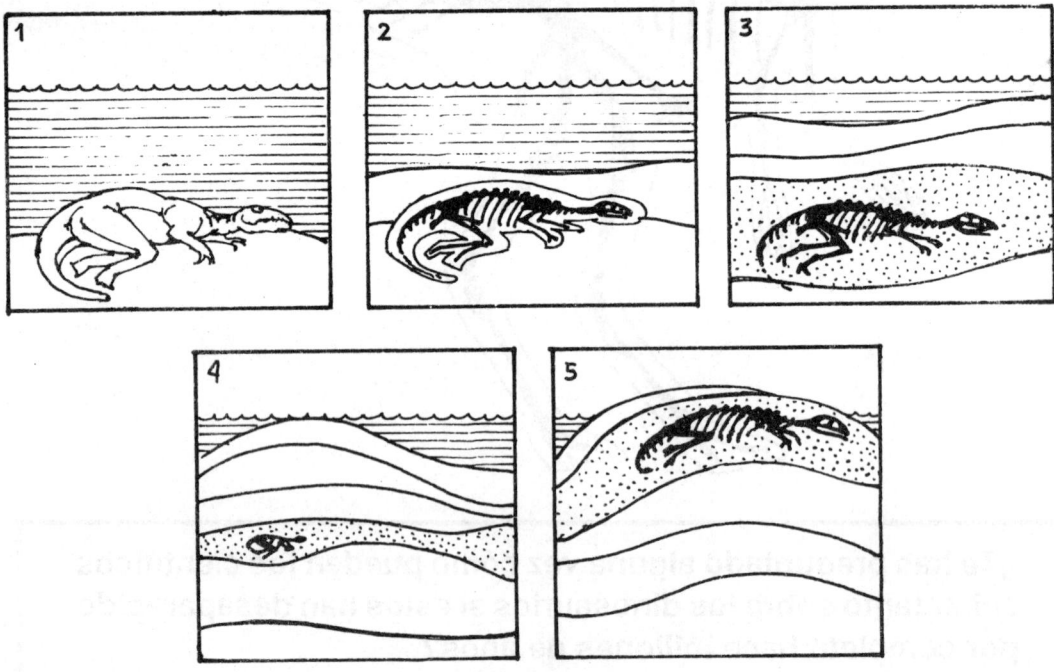

Los fósiles de dinosaurios

Los paleontólogos y buscadores de fósiles han encontrado muchos restos que corresponden a dinosaurios: por lo general, sólo se encuentran sus esqueletos o huesos sueltos, pero también se han encontrado fósiles de sus pisadas (huellas), excrementos, trozos de piel y dientes e, inclusive, hasta nidos enteros con huevos y crías recién nacidas.

 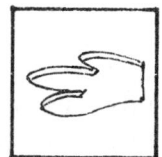    

Imitemos a la Naturaleza: Vamos a fabricar fósiles

La Naturaleza necesita unos cuantos millones de años para poder producir un fósil. Nosotros, en nuestra casa, podemos imitarla sin tardar más de uno o dos días. Podemos fabricar "fósiles" con los siguientes materiales:

- yeso de secado rápido o arcilla para modelar;
- una lámina de vidrio grueso;
- una hoja de árbol o planta;
- la conchilla de una almeja o mejillón;
- glicerina;
- un pincel de pintor (tamaño pequeño).

Cómo se fabrica el fósil:

a) Coloca la hoja o la conchilla sobre a lámina de vidrio.

b) Aplica con el pincel una o dos capas de glicerina sobre el vidrio y la muestra. La glicerina evitará que el yeso o la arcilla se adhieran a vidrio.

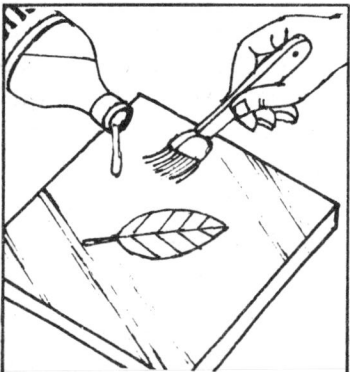

c) Cubre el vidrio y el futuro "fósil" con el yeso o la arcilla y deja secar durante un día por lo menos.

d) Invierte, una vez seco el vidrio, y retira la hoja o la conchilla. Habrás obtenido una réplica casi exacta sobre el yeso o la arcilla. Seca con cuidado para eliminar los restos de glicerina.

e) Si quieres, puedes pintar el calco o fósil con témpera plástica o, también, barnizar el conjunto, para darle más realismo.

f) Guárdalo con cuidado en una caja o, si lo prefieres, puedes exhibirlo en tu habitación. A lo largo de este libro podrás armar una pequeña colección de "fósiles", algunos de ellos producidos realmente por la Naturaleza.

Vamos a buscar fósiles

Los buscadores de fósiles son personas entrenadas para observar atentamente las rocas. Son capaces, incluso, de encontrar fósiles hasta en las grandes ciudades. Nosotros podemos imitarlos buscando, con atención, en la base de una barranca o de un acantilado, también en el lecho seco de un río o en una cantera, observando atentamente las piedras o rocas dispersas. A veces, un brillo extraño señala la presencia de un fósil; otras, para encontrarlos es necesario cavar un poco o romper algunas piedras con un martillo. Es difícil hallar restos de dinosaurios, pero si crees haberlos hallado, debes comunicar tu descubrimiento al museo más cercano. Los investigadores del mismo pueden realizar, gracias a tu aporte, importantes estudios o nuevos hallazgos.

Buscadores de fósiles investigando en la base de una barraca. Uno de ellos está recogiendo muestras de una capa de rocas que contiene fósiles; el otro anota en su libreta de campo datos importantes para poder estudiar más tarde los fósiles hallados: lugar, fecha, altura de la barranca, tipo de roca, ubicación, etc.

El equipo de campo

Todo buscador de fósiles está equipado con una mochila en la que transporta los útiles y herramientas necesarios para extraer y estudiar los fósiles. Difícilmente encontrarás en ella instrumentos complicados o caros. A menudo se emplean envases y objetos de uso cotidiano, como los que aquí se nos presentan:

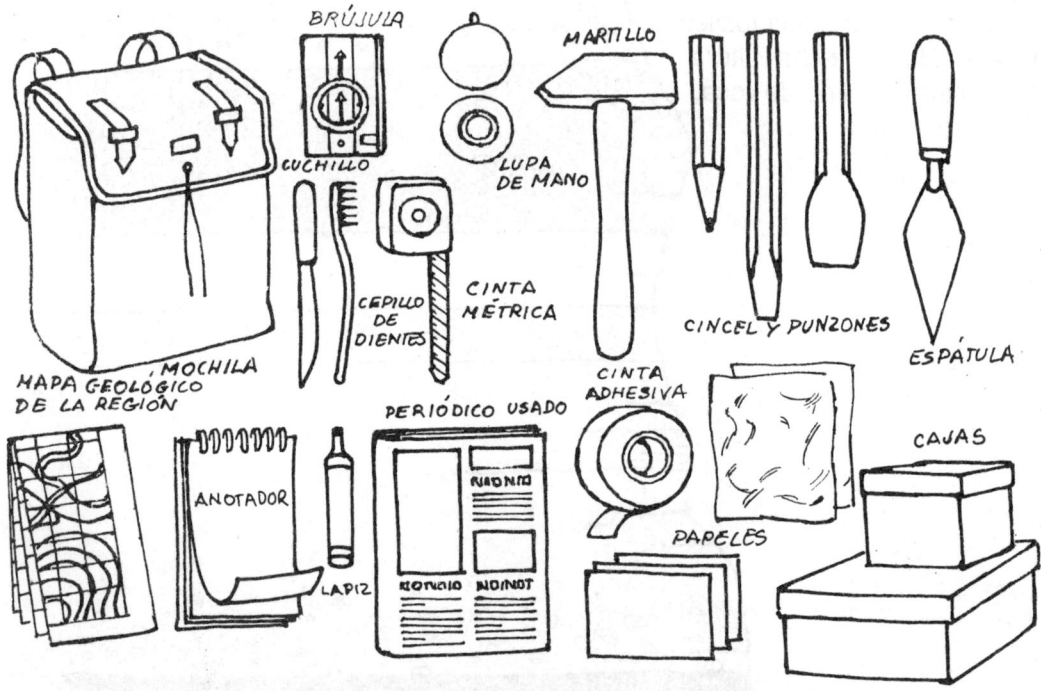

 ## Un buscador de fósiles genial

Cuando Carlos Darwin, el genial biólogo inglés, recorrió América del Sur a mediados del siglo pasado, encontró una cantidad impresionante de fósiles, especialmente en la Patagonia argentina y en la Cordillera de los Andes. Su único equipo consistía en una pequeña pala, un pico, una gran cantidad de envases para transportar los fósiles y el elemento que Darwin consideraba vital: su libreta de anotaciones. Sin ella, de poco hubieran servido todos los ejemplares obtenidos, pues es muy importante saber su ubicación sobre el terreno y otras características que ya hemos mencionado en la página anterior.

 # Buscando fósiles en la ciudad

Los grandes descubrimientos de yacimientos fósiles no suelen estar cerca de las grandes ciudades, pero, sin embargo, podemos encontrar muchos fósiles alrededor nuestro: sólo debemos saber observar con atención. A menudo las lajas o losas que se utilizan para la construcción de pisos o decoración de jardines están formadas por arenisca y pueden contener animales fósiles, como el del dibujo.

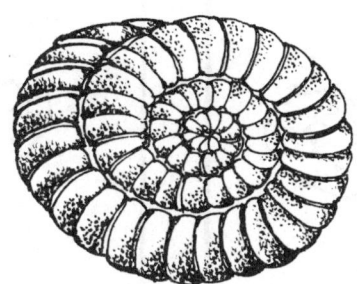

Busca en los negocios de venta de estas losas alguna que contenga estos fósiles; si es lo suficientemente pequeña, puedes llevarla para tu colección: no son caras. Si la losa es algo grande, pídele al encargado de negocio que la corte. Tendrás un verdadero fósil en tu colección.

Si la losa con fósiles está colocada sobre un piso, puedes extraer una réplica de la misma, de manera similar a como has fabricado tus fósiles anteriores. Para ello, necesitas los siguientes materiales:

- Un aro de cartón grueso de diámetro algo más grande que el tamaño del fósil y unos cinco centímetros de altura; puedes construirlo con una tira de cartón unida mediante alfileres o clips.

- Yeso de secado rápido.

- Pincel.

- Un frasco pequeño con agua.

- Papeles y trapos o paños para limpiar.

- Plastilina.

Cómo se extrae un molde de un fósil

a) Pide permiso para realizar el molde al dueño de la losa; si la misma está ubicada en el lugar público, solicita permiso al encargado del mismo.

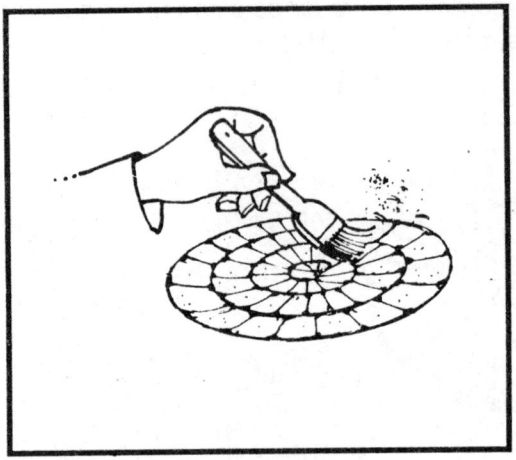

b) Limpia minuciosamente el fósil con el pincel. Una vez limpio, mójalo con agua, pero no le eches demasiada, pues el yeso no podrá fraguar.

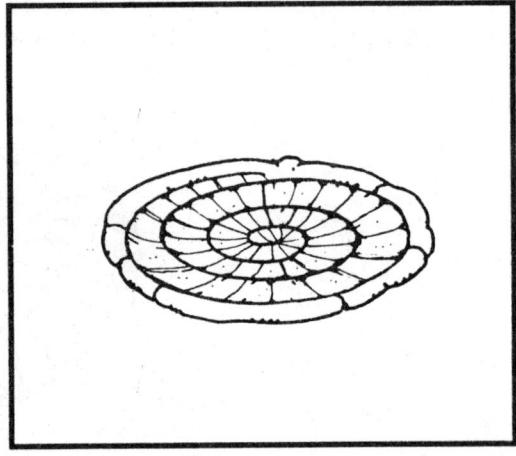

c) Con la plastilina o masilla rodea al fósil, formando un círculo del mismo diámetro que el aro de cartón.

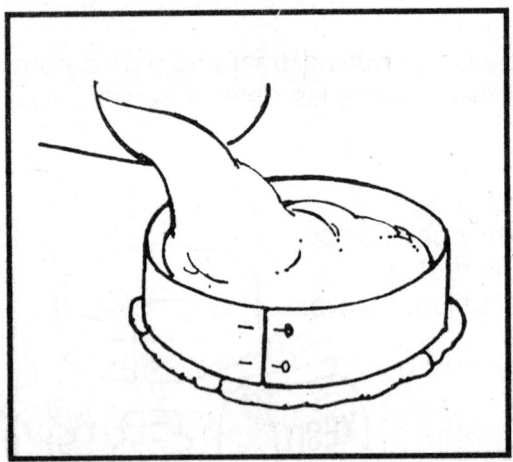

d) Aplica el aro sobre el círculo de plastilina. El mismo debe rodear por completo el fósil.

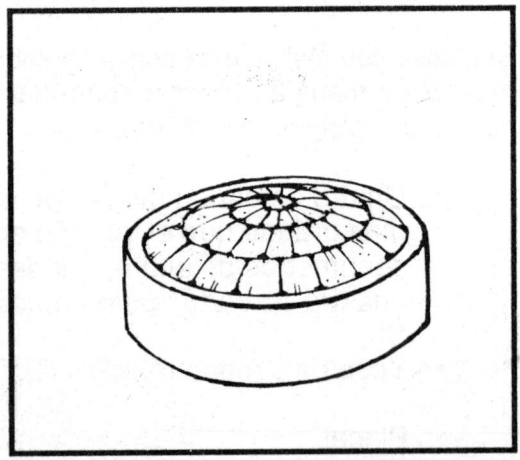

e) Prepara el yeso y vuélcalo lentamente dentro del aro, para evitar que se formen burbujas de aire. Espera 15 ó 20 minutos y extrae el conjunto. Una vez seco, el disco de yeso con el fósil se puede pintar y exponer.

 # La buscadora de fósiles más pequeña del mundo

Mary Anning nació en 1789, en un pueblito inglés llamado Lyme Regis. El padre de Mary era carpintero, pero en sus ratos libres juntaba fósiles de caracoles marinos que vendía a los turistas. La pequeña solía acompañarlo en sus excursiones y lo ayudaba en la recolección de fósiles. Cuando ella tenía sólo once años de edad, falleció su padre. No obstante, la niña continuó buscando fósiles. Un año más tarde, Mary descubrió el esqueleto de un ictiosaurio, reptil marino parecido a un delfín. ¡Era la primera persona que encontraba un esqueleto de ese tipo!

Con sólo doce años de edad, la pequeña Mary Anning realizaba un importantísimo descubrimiento científico. Era tal la fama de buscadora de fósiles que había adquirido, que los científicos de la época la tenían en muy alta estima y a menudo la consultaban cuando surgían dudas sobre tal o cual fósil. Mary también fue la primera persona en descubrir un esqueleto fósil de plesiosaurio (reptil marino de grandes dimensiones) y la primera en Inglaterra en encontrar esqueletos de reptiles voladores, los pterosaurios. Por sus hallazgos, Mary Anning es considerada como una de las más importantes y exitosas buscadoras de fósiles de la historia, pero, además, fue sin duda la más joven.

 # Un yacimiento fósil en nuestro patio

El lugar en donde los buscadores de fósiles encuentran sus tesoros se llama yacimiento. En él, los fósiles pueden estar más o menos enterrados entre las piedras, y los expertos tienen que extraerlos con sumo cuidado, anotando la posición de cada pieza y dibujándola con esmero. Nosotros podemos imitar en nuestro patio a los buscadores de fósiles: ellos nos enseñarán a observar con más detalle el mundo que nos rodea.

Qué necesitas:

- Huesos de gallina o de pollo limpios.
- Pinceles pequeños (uno o dos).
- Papel y lápiz.
- Un piolín o cuerda.
- Cuatro estacas de madera, de unos 15 centímetros de longitud.

Cómo fabricar tu yacimiento:

1) Con un palito, marcas en la tierra 1 metro cuadrado clavando estacas en cada una de sus esquinas.

2) Entierra los huesos en la tierra. No los coloques todos juntos sino más bien desparramados por todo el cuadrado. Apisona bien y ata la cuerda a las estacas, delimitando el "yacimiento".

3) Invita a tus amigos a que caven cuidadosamente, hasta encontrar los huesos. Cuando aparezca uno de ellos, remueve toda la tierra que tiene con un pincel. Dibuja en el papel un cuadrado, que representará tu yacimiento. Antes de levantar cualquier hueso, dibújalo en la posición que tiene en la tierra. Luego colócalo sobre papel de diario.

4) Una vez que han encontrado todos los huesos, límpienlos y traten de unirlos. Los dibujos que has realizado pueden ayudarte a conectar los huesos entre sí.

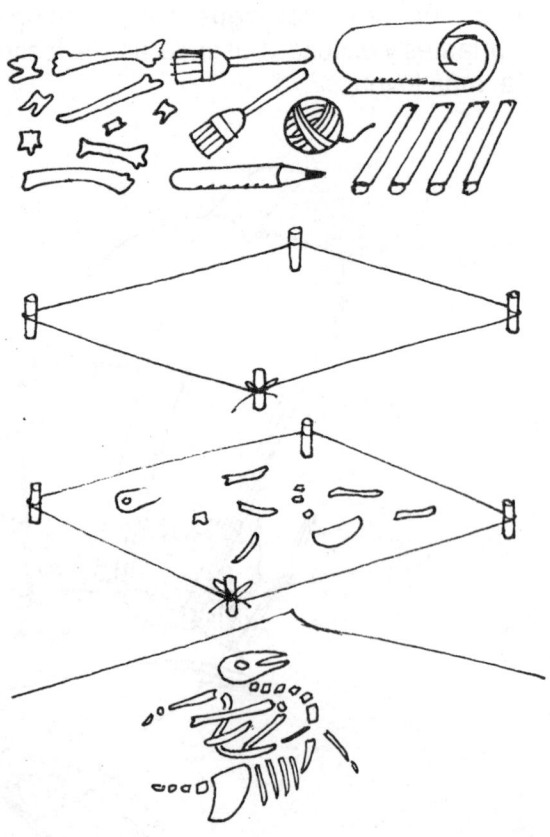

Reconstruyendo dinosaurios

Cuando los buscadores de fósiles encuentran los huesos del esqueleto de un dinosaurio, es muy raro que éstos estén completos y ubicados de manera correcta. Generalmente, cuando un animal muere, los animales carroñeros dispersan los huesos, desarmando por completo el esqueleto. A veces, los paleontólogos deben resolver verdaderos rompecabezas para poder reconstruir el aspecto de los dinosaurios cuando estaban vivos. Comparando con el esqueleto de otros animales parecidos, van montando uno por uno los huesos en el lugar que corresponde. Cuando faltan uno o varios huesos, los científicos fabrican réplicas de éstos a partir de esqueletos de animales semejantes.

Luego, por medio de soportes y alambres reconstruyen el esqueleto, tal como se puede ver en los museos. A veces, gracias a las marcas que dejan los músculos en los huesos, se puede reconstruir la forma externa del dinosaurio.

Esqueleto de **Stegosaurus** restaurado y armado para exponer en un museo.

Esqueleto de **Stegosaurus** tal como se lo encontró.

Por las marcas de los músculos en los huesos, los científicos reconstruyen la forma del dinosaurio.

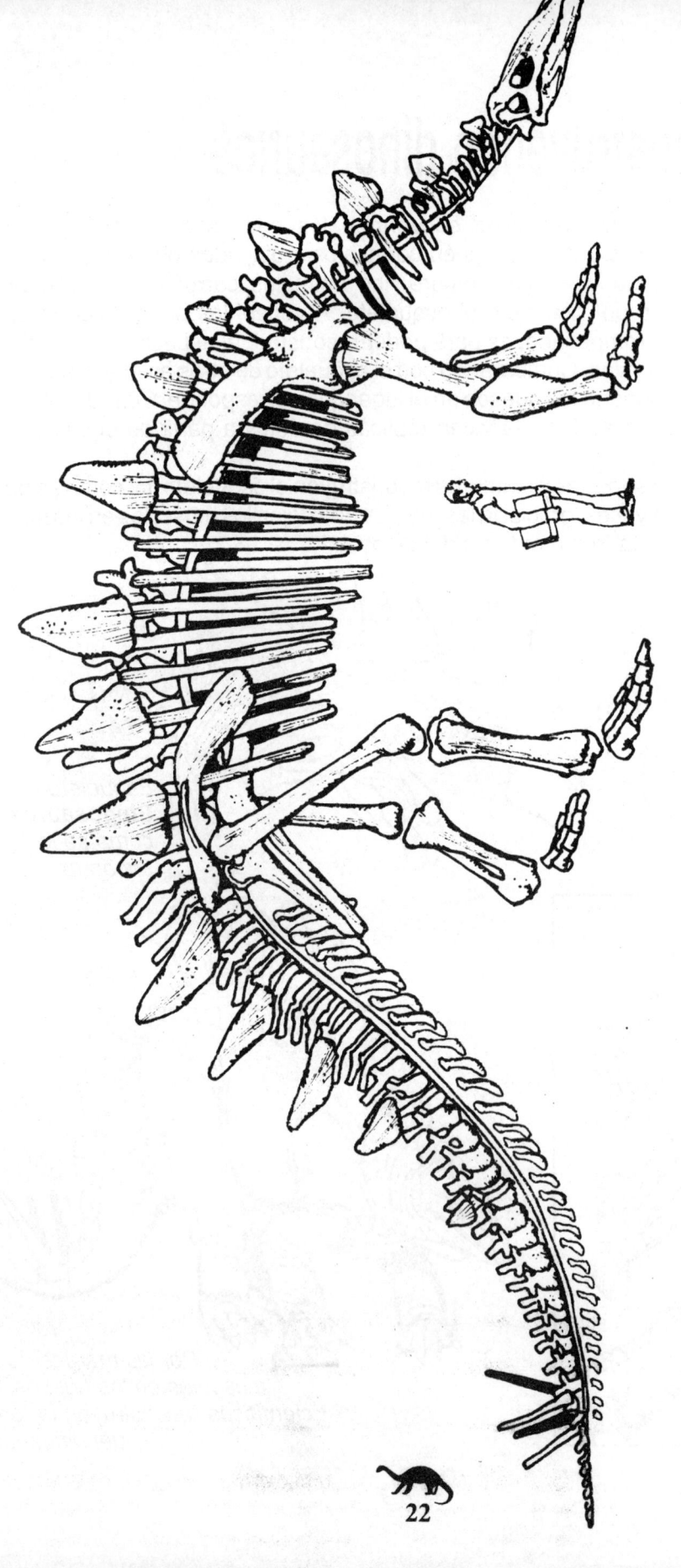

22

Cómo eran los dinosaurios

El dibujo nos muestra la idea que tenían los científicos de comienzos de siglo sobre los dinosaurios: animales lentos, pesados y que no caminaban, sino que se arrastraban por el suelo como los lagartos. Hoy, esas ideas han quedado absolutamente en el recuerdo de los investigadores.

Dinosaurios para todos los gustos

Muchas personas creen que todos los dinosaurios eran bestias gigantescas con cerebro diminuto y, por lo tanto, muy torpes. Otras personas están convencidas de que sólo existió un único tipo de dinosaurio. Los descubrimientos realizados durante los últimos veinte años nos permiten asegurar todo lo contrario: existieron tantos tipos de dinosaurios y tan diferentes unos de otros, que podemos afirmar que hubo dinosaurios para todos los gustos: desde enormes animales de más de veinte metros de largo hasta dinosaurios que no alcanzaban la altura de un pollo. Hubo centenares de tipos de dinosaurios que se alimentaban exclusivamente de vegetales (herbíboros) y hubo centenares de tipos diferentes de dinosaurios que se comían a los herbívoros (dinosaurios carnívoros). Muchos de ellos caminaban en cuatro patas; otros lo hacían exclusivamente sobre sus dos patas traseras, y sus patas anteriores se modificaron para tomar o agarrar las presas.

Algunos de estos dinosaurios se movían lentamente, pero otros se desplazaban velozmente, de manera similar a como lo hacen los ñandúes y avestruces actuales. Como verás más adelante, los dinosaurios vivieron en todos los continentes, y sus esqueletos fosilizados han sido hallados desde la Antártida hasta Groenlandia. El dibujo nos muestra algunos de los diferentes dinosaurios que existieron. Todos ellos están comparados a escala con el hombre ubicado en el margen izquierdo:

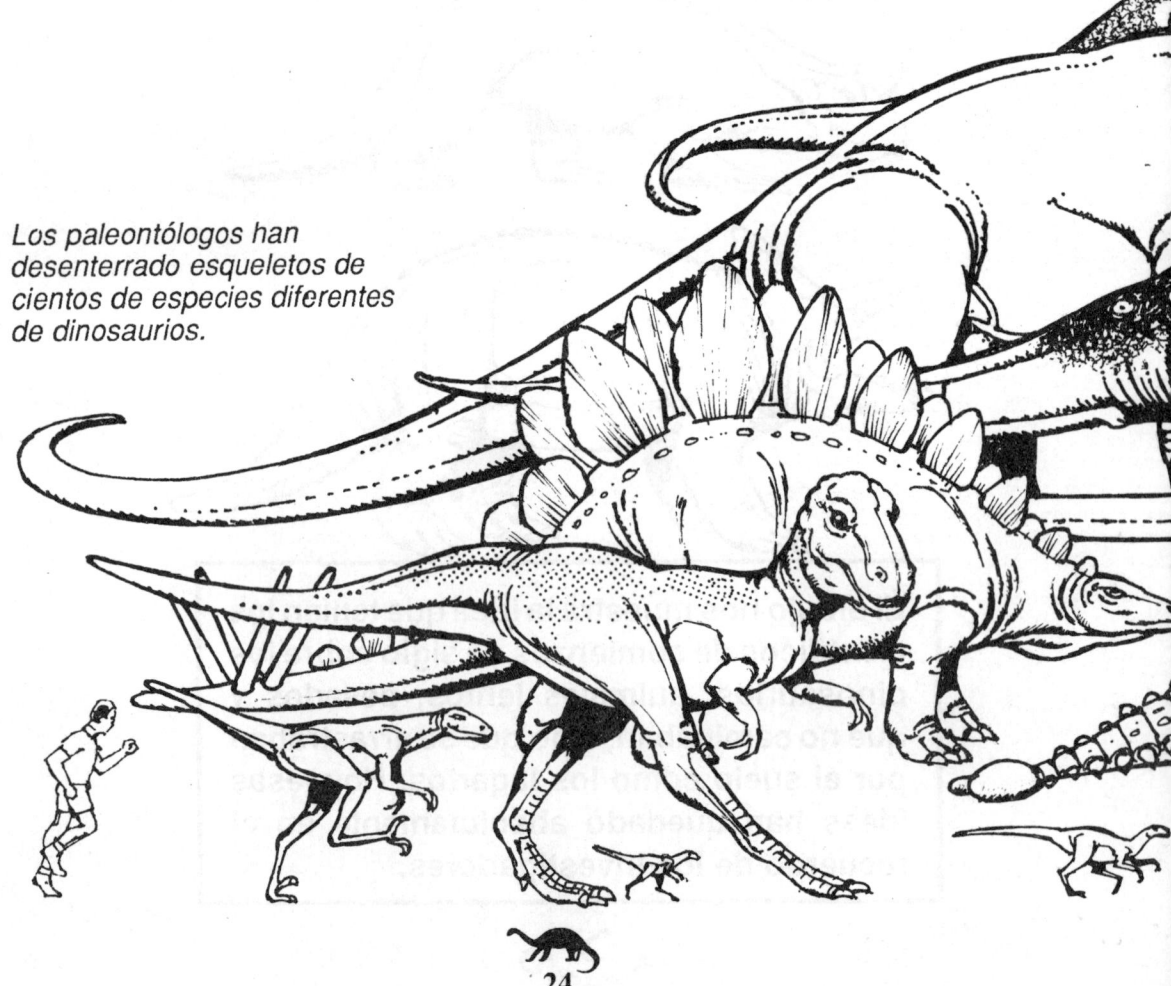

Los paleontólogos han desenterrado esqueletos de cientos de especies diferentes de dinosaurios.

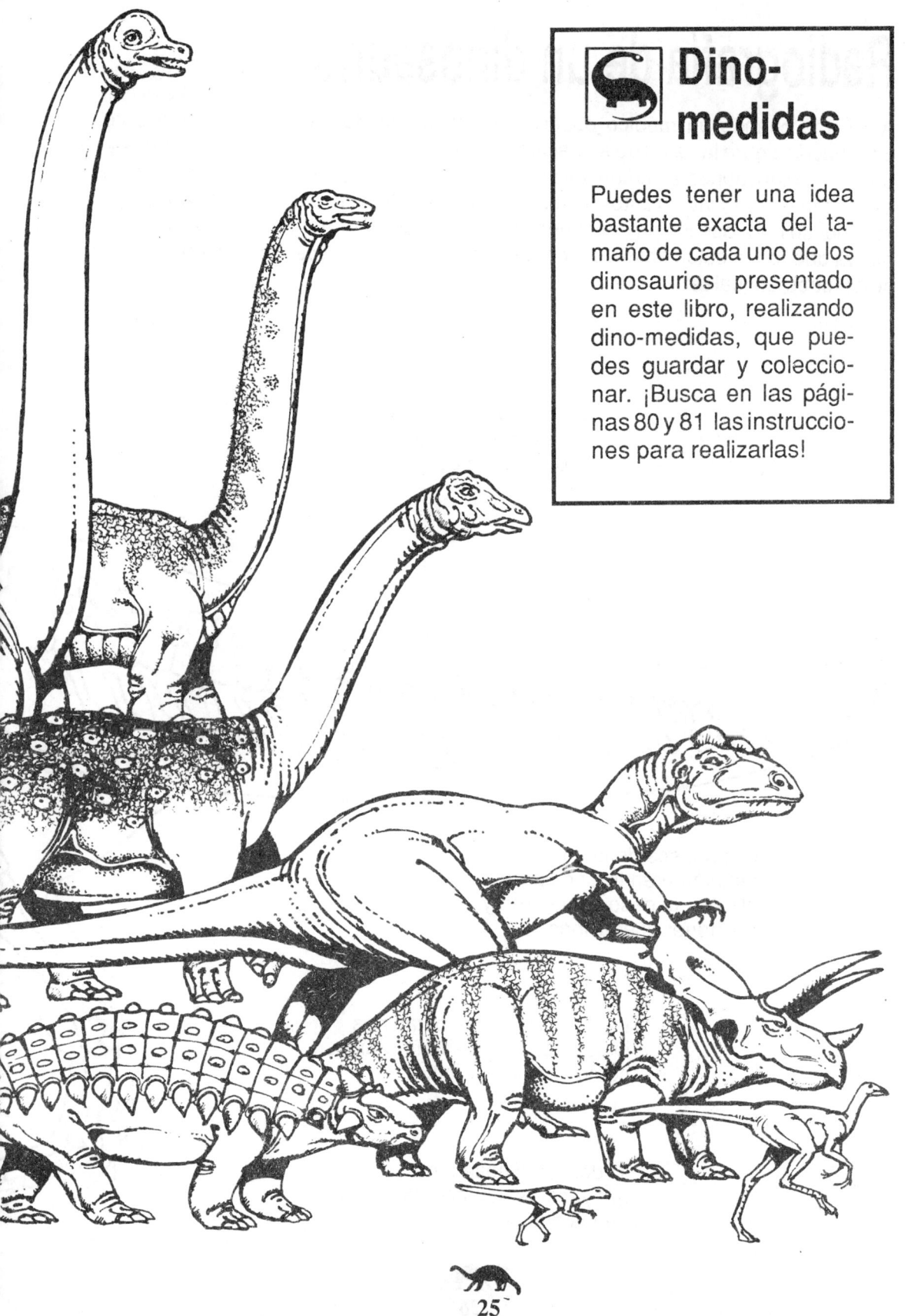

Dino-medidas

Puedes tener una idea bastante exacta del tamaño de cada uno de los dinosaurios presentado en este libro, realizando dino-medidas, que puedes guardar y coleccionar. ¡Busca en las páginas 80 y 81 las instrucciones para realizarlas!

Radiografía de un dinosaurio

Así como cuando un médico observa la radiografía de una persona para obtener información sobre la salud de su paciente, de manera parecida los paleontólogos y expertos en dinosaurios estudian los esqueletos y huesos encerrados en las rocas para saber cómo eran y vivían estos animales increíbles. A veces, alcanza con encontrar un solo hueso para que los paleontólogos puedan saber si pertenecía o no a un dinosaurio, ya que todos estos animales tenían muchas características en común que no poseían otros animales:

Los huesos de la cadera nos ayudan a saber qué tipo de dinosaurio es.

Los huesos de la cola también eran livianos para aligerar el peso del cuerpo y mantener el equilibrio.

La posición de las patas nos indica que caminaban erguidos, como los mamíferos.

Todos los dinosaurios apoyaban solamente la punta de los dedos.

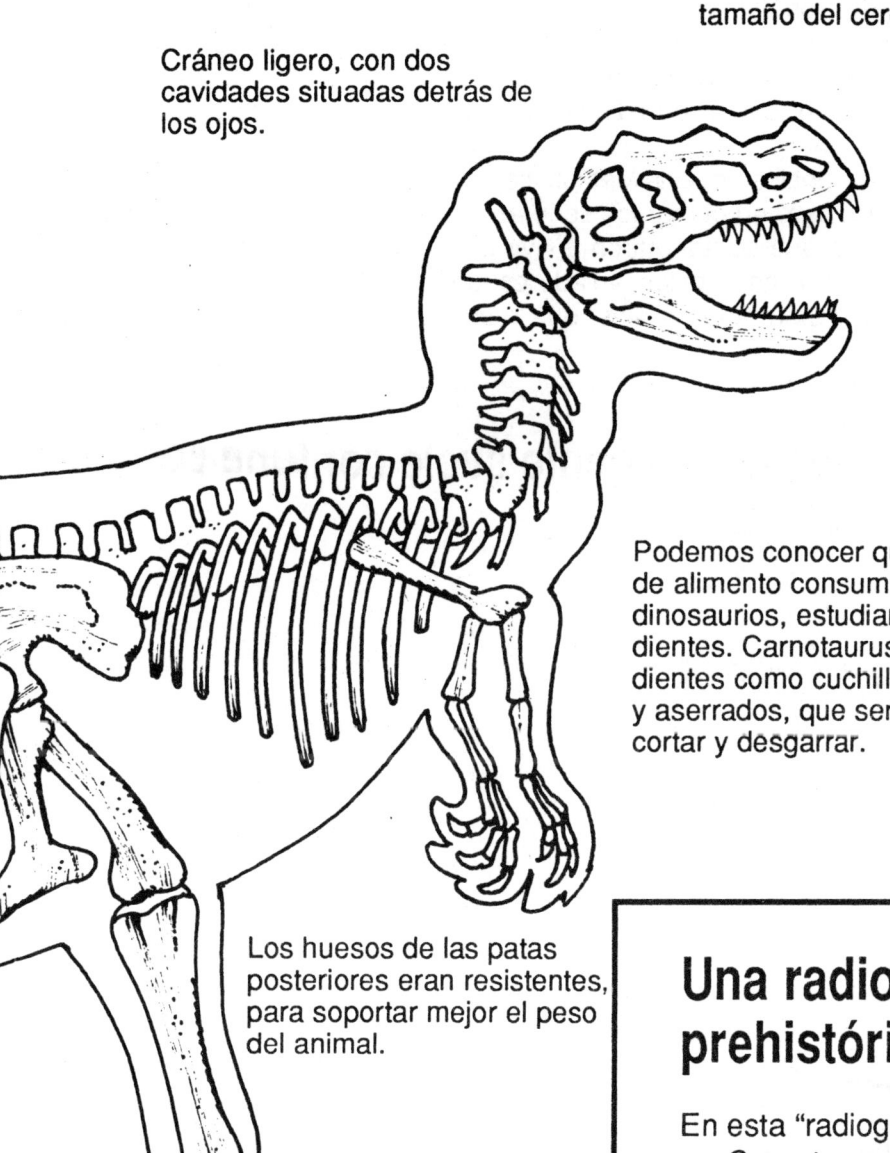

Con la medida de la cavidad interna del cráneo, los expertos pueden saber el tamaño del cerebro.

Cráneo ligero, con dos cavidades situadas detrás de los ojos.

Podemos conocer qué tipo de alimento consumían los dinosaurios, estudiando sus dientes. Carnotaurus tenía dientes como cuchillos, afilados y aserrados, que servían para cortar y desgarrar.

Los huesos de las patas posteriores eran resistentes, para soportar mejor el peso del animal.

Una radiografía prehistórica

En esta "radiografía" de un *Carnotaurus*, dinosaurio carnívoro encontrado en la República Argentina, podemos encontrar muchas características que identifican a los dinosaurios.

Animales que no eran dinosaurios

También es un error muy común entre la gente llamar "dinosaurio" a muchos animales prehistóricos que vivieron antes de la aparición de los dinosaurios y a otros animales que compartieron la tierra con ellos. Aún no se ha descubierto ningún fósil de dinosaurio que nos indique que tenían alas o aletas; por lo tanto, los científicos consideran (por el momento) que ningún dinosaurio estaba especializado para volar o nadar.

Durante la era de los reptiles, o era Mesozoica, los dinosaurios eran los amos indiscutibles de la tierra; pero en el mar los señores absolutos eran los plesiosaurios y los ictiosaurios, reptiles que se adaptaron a vivir en el agua. El aire también tenía dueños: los pterosaurios eran reptiles voladores de tamaño variado: sus patas anteriores se habían transformado en alas, que recuerdan lejanamente a la de los murciélagos.

Algunos animales que la gente suele confundir con los dinosaurios:

Dimetrodonte
No era dinosaurio

Era un reptil carnívoro muy antiguo, que vivió mucho antes de que aparecieran los dinosaurios. Tenía sobre la espalda una gran "pantalla" formada por una membrana y espinas que, se cree, le servía para regular su temperatura corporal.

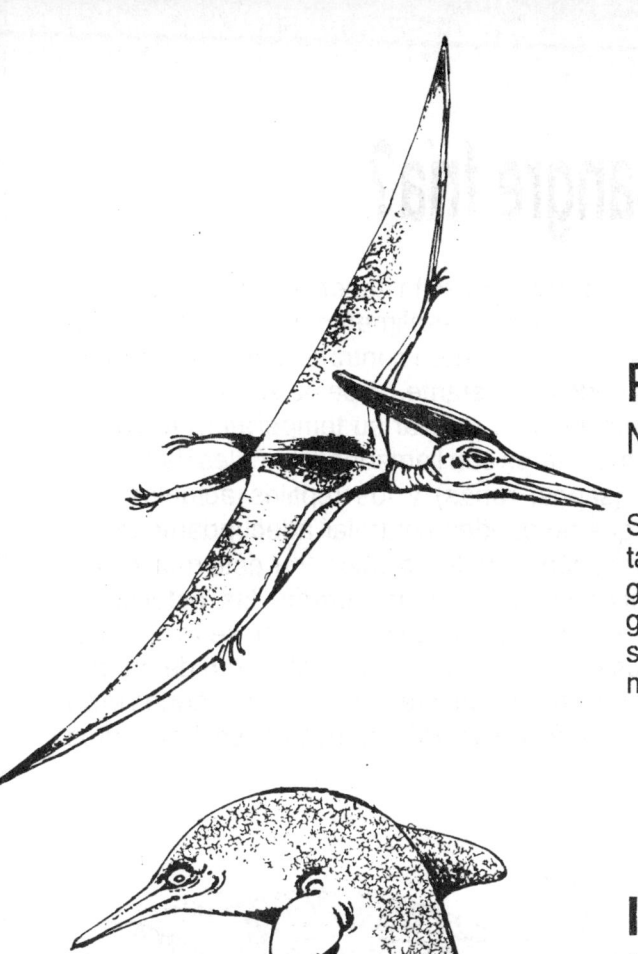

Pterosaurio
No era dinosaurio

Son los reptiles voladores. Algunos eran tan pequeños como un gorrión; otros llegaron a medir hasta 18 metros de envergadura; sus "alas" eran membranosas y se cree que solían planear en vuelos no muy largos.

Ictiosaurio
No era dinosaurio

Son reptiles que se adaptaron al agua de una manera similar a los delfines actuales: su cuerpo tomó aspecto alargado, con una "aleta" caudal, y sus patas se convirtieron en otras tantas aletas. Su nombre significa "reptil-pez".

Plesiosaurio
No era dinosaurio

Como los ictiosaurios, vivían en el mar. Sus cuerpos eran macizos, con un largo cuello y extremidades transformadas en paletas. Muchos de ellos podían realizar cortas incursiones en tierra firme.

¿Sangre caliente o sangre fría?

Un animal activo como, por ejemplo, un puma, necesita tener en su cuerpo una temperatura aceptable para poder desplazarse y buscar alimento de día o de noche, con frío o calor. Las aves y los mamíferos actuales pueden controlar la temperatura de sus cuerpos de manera eficaz, manteniéndola constante, a pesar de los inviernos rigurosos o los veranos cálidos. Esta capacidad de regular su temperatura recibe el nombre de homeotermia, y las aves y los mamíferos son llamados "animales de sangre caliente". Por el contrario, los anfibios (sapos, ranas) y los reptiles actuales son llamados "animales de sangre fría", porque no pueden controlar adecuadamente su temperatura corporal, y ésta puede variar según haga frío o calor. Por este motivo, las tortugas, lagartos y cocodrilos se mantienen activos sólo durante las estaciones cálidas; en invierno o por la noche, para evitar perder el calor corporal, se mantienen inactivos. ¿Será posible saber si los dinosaurios eran de sangre caliente o de sangre fría? Hasta no hace mucho tiempo, los científicos creían que todos los dinosaurios eran de sangre fría, como sus primos lejanos, los cocodrilos. Pero nuevos descubrimientos han desatado la polémica entre investigadores:

Los dinosaurios caminaban erguidos

A diferencia de los cocodrilos y lagartos, los dinosaurios caminaban levantando su cuerpo del suelo, como lo hacen los mamíferos actuales. Esto significa que debían gastar mucha energía para mantener esa postura. Pero, además, la estructura de los huesos de un dinosaurio se parecía más a la de un mamífero que a la de un reptil.

Un corazón poderoso

Muchos dinosaurios tenían cuellos muy largos. El corazón debían entonces realizar un esfuerzo mayor para enviar la sangre hacia la cabeza. Tal vez los dinosaurios tuvieran un corazón más "perfecto" que el de los reptiles actuales, y que se pareciese al de las aves y mamíferos, dividido en dos partes: una para el resto del cuerpo y otra para enviar la sangre a los pulmones.

La velocidad consume energía

Los dinosaurios pequeños, como el *Loncosaurus*, debían correr bastante rápido. A mayor actividad del cuerpo, éste necesita mucha más energía. Si estos dinosaurios hubieran sido de sangre fría, sería realmente difícil mantener un ritmo elevado de actividad.

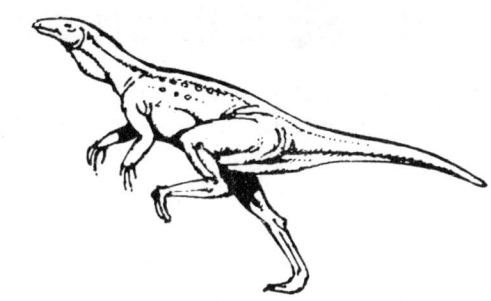

Más comida

Como los animales de sangre caliente consumen mucha más energía que cualquiera de sangre fría, aquellos debían comer más alimento para mantener su ritmo de actividad. Algunos descubrimientos podrían comprobar que los dinosaurios comían hasta diez veces más que un animal de sangre fría del mismo peso y tamaño.

Más inteligentes

Muchos dinosaurios tenían un cerebro relativamente más grande que el de los reptiles. Este "aumento de la inteligencia" requiere necesariamente que el cerebro permanezca siempre a una temperatura constante. Si los dinosaurios fueran de sangre caliente, se explicaría fácilmente el desarrollo de sus cerebros.

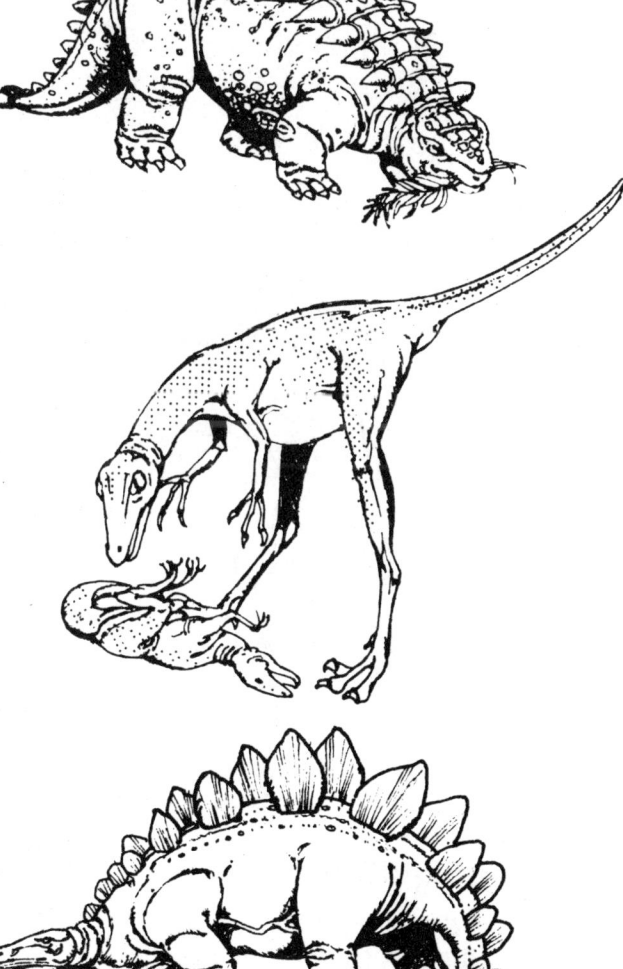

Medidas protectoras

Algunos dinosaurios tenían dispositivos que ayudaban a mantener una temperatura corporal constante: muchos de ellos tenían placas o pliegues, como *Stegosaurus;* otros modificaron sus fosas nasales para "calentar el aire", y algunos estaban cubiertos por escamas transformadas en plumas.

Cómo se alimentaban

Como todos los seres vivos, los dinosaurios necesitaban alimentarse para poder vivir. Los dinosaurios herbívoros se alimentaban exclusivamente de hojas verdes y brotes de plantas; los dinosaurios carnívoros cazaban a los herbívoros, pero también podían comerse huevos y crías de otros dinosaurios; algunos probablemente se alimentaban de carroña (restos de animales muertos).

Como las plantas tienen, en relación con la carne, menos cantidad de alimento útil, los dinosaurios herbívoros debían comerse grandes cantidades de hojas y plantas, pasando largo tiempo ramoneando y masticándolas. Muchos de estos dinosaurios tenían cuellos muy largos, que debieron servir para poder alcanzar las hojas más altas de los árboles, de manera parecida a lo que hacen las jirafas actuales. En otros dinosaurios vegetarianos, la lengua podría haber sido prensil, ayudando a tomar el alimento.

Jirafas gigantes

Muchos dinosaurios herbívoros, como *Antarctosaurus*, tenían cuellos muy largos, que les servían para alcanzar las hojas de los árboles más altos.

Caza en grupo

Se cree que algunos dinosaurios carnívoros de tamaño mediano o pequeño, como *Deinonychus* se agrupaban para cazar animales más grandes, de manera parecida a los lobos actuales.

Los dinosaurios carnívoros estaban especialmente equipados para conseguir el alimento. Todos ellos poseían poderosas patas traseras, muy útiles para la carrera; las manos de las patas anteriores terminaban en garras filosas y algunos dinosaurios de tamaño pequeño se agrupaban para cazar en manadas, como los lobos actuales. Antiguamente se creía que los grandes dinosaurios herbívoros vivían permanentemente dentro del agua y de esta manera evitaban el ataque de los predadores carnívoros. Sin embargo, recientemente, se descubrieron huellas de un dinosaurio carnívoro de gran tamaño que, con toda seguridad, estaba nadando sobre lo que era un lago poco profundo: el carnívoro aparentemente no quería dejar escapar a su presa, ni aún dentro del agua...

¿Dinosaurios caníbales?

Algunos fósiles descubiertos en Estados Unidos nos muestran una tragedia prehistórica: un dinosaurio carnívoro pequeño, *Coelurus*, contenía los restos de pequeñas crías de su misma especie: el adulto se había comido a sus hijos.

¿Comedores de carroña?

Muchos científicos consideran que los dinosaurios carnívoros más grandes, como *Tyrannosaurus*, no podían desplazarse demasiado rápido como para poder capturar presas vivas. Por lo tanto, debía contentarse tal vez con comer los cadáveres de dinosaurios cazados por otros predadores, de manera similar a lo que hacen las hienas.

Dentistas prehistóricos

Cuando los científicos descubren un nuevo fósil de dinosaurio, prestan especial atención a la forma que tienen los dientes. Observándolos cuidadosamente, los expertos saben qué tipo de comida ingería el dinosaurio.
Los dientes puntiagudos y filosos servían para cortar o desgarrar, y eran característicos de los carnívoros; en cambio, dientes aplanados o chatos son útiles para masticar. Este tipo de diente era común en los dinosaurios vegetarianos.
Algunos dinosaurios herbívoros primitivos tenían dientes parecidos a tornillos; no eran útiles para masticar, pero sí servían para "cosechar" la comida, arrancando las plantas u hojas; otros dinosaurios herbívoros tenían dientes más adaptados para la masticación, ubicados a los costados de las mandíbulas. En la parte anterior no había dientes, pero sí existía un pico fuerte y filoso parecido al que tienen los patos.
Los dinosaurios carnívoros tenían dientes de forma cónica o triangular, de bordes filosos y aserrados, como un cuchillo de cocina. En algunos animales, los dientes alcanzaban el largo de un sable pequeño.

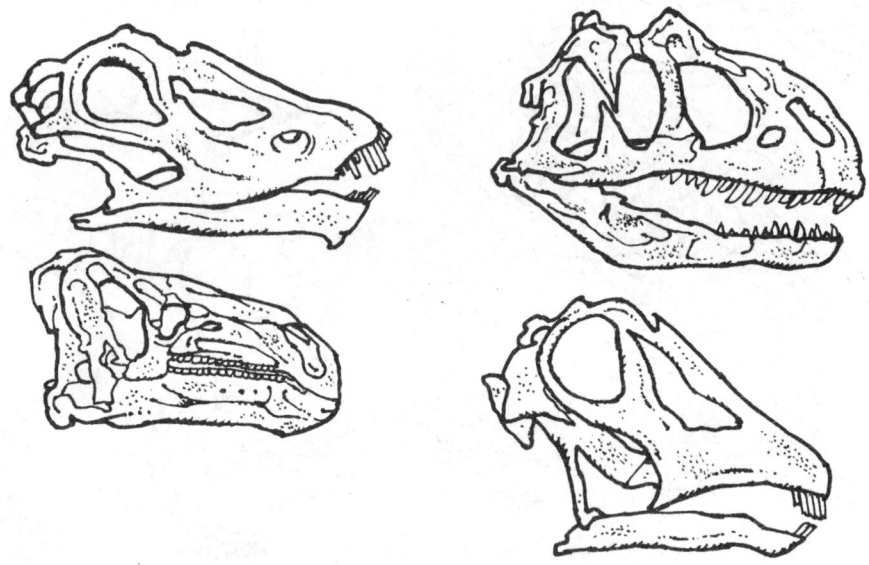

Diferentes tipos de dientes

Los dinosaurios herbívoros más primitivos, como *Patagosaurus, Diplodocus, Titanosaurus* y *Apatosaurus* tenían dientes con forma de perno, útiles para cortar las hojas, pero que no servían para masticar. Los dinosaurios herbívoros más modernos, como *Iguanodon, Triceratops* y *Kritosaurus* poseían dientes especializados para masticar, y un pico córneo que servía para cortar hojas duras y ramas verdes.
Los dinosaurios carnívoros tenían dientes afilados, dispuestos en hilera. Los bordes de los mismos estaban aserrados.

Construyamos un poster dental

Puedes enseñarle a tus amigos los diferentes tipos de dientes que tenían los dinosaurios preparando un "poster" dental. Para realizarlo, necesitas los siguientes materiales:
- Cartulina blanca.
- Regla o escuadra.
- Lápiz negro y lápices de colores o marcadores.

Pasos:

1) Dobla la cartulina por la mitad. Ahora, dóblala nuevamente: tendrás así cuatro sectores iguales.
2) Escribe con letra grande y mayúscula "DIENTES DE DINOSAURIO" en la parte superior de la cartulina.
3) Ahora, en cada uno de los sectores dibuja uno de los tipos de dientes de dinosaurio que están ilustrados al pie de esta página. Trata de dibujarlos lo más fielmente posible.
4) Debajo de cada dibujo, escribe cuál es el tipo de comida que corresponde a cada diente.
5) Busca en el libro dos ejemplos de dinosaurios que tengan estos tipos de dientes, y escríbelos con color debajo de la comida.

Puedes colgar el poster en la pared de tu cuarto.

Dientes filosos y fuertes para desgarrar carne.

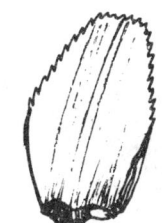

Dientes en hileras, afilados para triturar plantas duras.

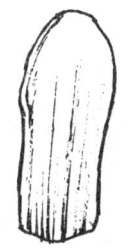

Dientes alargados y planos para "cosechar" hojas blandas.

Dientes achatados, sin filo, para masticar plantas blandas.

Piedras para el almuerzo

Muchos dinosaurios tenían dientes especializados para desgarrar o cortar, pero que no podían ayudar al animal a masticar o triturar el alimento. Entonces ¿cómo hacían para digerir la comida? La respuesta es que los dinosaurios solían hacer algo que también hoy repiten las aves: los pájaros no tienen dientes, pero ellos pueden triturar la comida en pequeños trozos para que sean fácilmente digeridos, porque tragan piedritas y granos de arena. Estas piedritas se almacenan en una parte del tubo digestivo, llamada buche. Cuando la comida llega al buche, las piedritas golpean y aplastan el alimento contra las paredes del buche, ablandándolo y desmenuzándolo. De esta manera, el alimento puede ser fácilmente digerido en el estómago.

Los dinosaurios hacían algo parecido: ellos tragaban piedras de hasta diez centímetros de largo. Un esqueleto fósil de dinosaurio tenía 115 de estas piedras en el lugar donde debía estar el estómago cuando el animal vivía. Las piedras constantemente chocaban entre sí y, con el transcurso del tiempo, se pulían y redondeaban sus bordes. Entonces, se volvían inservibles para triturar la comida, y el dinosaurio las devolvía. Estas piedritas tienen un nombre especial, se llaman gastrolitos y muchos animales suelen poseerlas en sus estómagos.

 Investigando la digestión de un dinosaurio

Imagina cuánto peso extra acarrea un dinosaurio que haya tragado veinticuatro piedras que lo ayuden a machacar su última comida.
Dieciséis de las piedras pesaban 300 gramos cada una; el resto pesaba 250 gramos cada una.

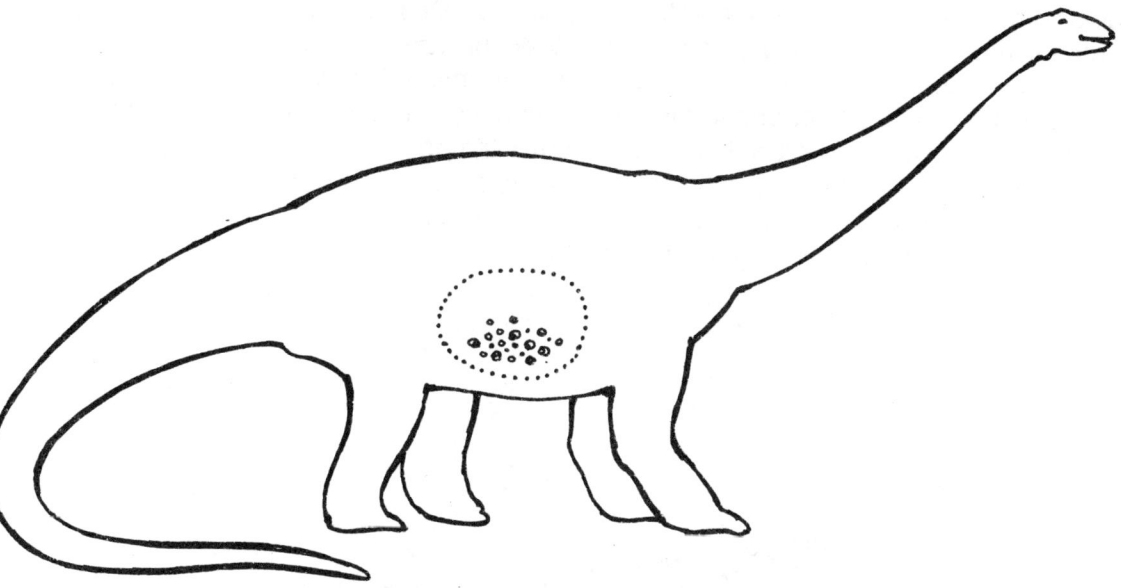

Investiga:

1) ¿Cuántos gramos pesan todas las piedras que tragó el dinosaurio?

2) ¿Cuántos kilos de peso extra le corresponden a las piedras?

3) Si tu fueras un investigador que debe comunicarle este hallazgo a un científico norteamericano, que usa otro sistema de medida: ¿cuántas onzas (medida de peso inglesa) pesan todas las piedras tragadas? Ten presente que tres onzas equivalen a 85 gramos.

4) ¿Cuántas libras de peso extra tiene nuestro dinosaurio? Ten presente que una libra equivale a dieciséis onzas.

Respuestas:
1) 6.800 gramos; 2) 6,8 kilos; 3) 240 onzas; 4) 15 libras.

Dinosaurios de colores

Nunca podremos saber realmente de qué color eran los dinosaurios. Generalmente, cuando un fósil de dinosaurio es descubierto, sólo se encuentran sus huesos o dientes que nada nos dicen sobre el color de la piel de estos animales. Raramente la piel se fosiliza, pues es muy blanda y rápidamente se destruye después que el animal muere. Sin embargo, un buscador de fósiles encontró, hace un siglo, los restos de un dinosaurio que conservaba impresiones de la piel. Después de muerto, el animal probablemente estuvo expuesto al calor del sol por un largo período de tiempo. El calor secó la piel, que se tornó resistente, como un pergamino. Entonces el dinosaurio fue súbitamente sepultado por una tormenta de arena. Los huesos y la piel de ese animal llegaron hasta nosotros, pero, lamentablemente, tampoco nos puede informar sobre los tonos que tenía cuando estaba fresca y viva: la piel fosilizada no retiene el color original, sino que toma el color de la roca en la que se encuentra y nos deja con la misma duda inicial: ¿eran de colores los dinosaurios?

Cebras prehistóricas

Muchos dinosaurios que vivían en tierras sin árboles seguramente tenían colores blancos y negros que se confundían con el entorno y disimulaba a los animales.
Un dinosaurio carnívoro no podría reconocer a una única presa en medio de la manada.

Una solución aceptable para resolver este interrogante consiste en observar el color de los animales actuales. Los animales de tamaño grande, como los cocodrilos, rinocerontes y elefantes, tienen colores apagados, generalmente grises o marrones. Es muy posible que los grandes dinosaurios, como *Diplodocus* o *Brachiosaurus* tuvieran colores semejantes. En cambio, los dinosaurios más pequeños podrían haber tenido colores variados y brillantes, como los de muchas serpientes y lagartijas. Para evitar ser vistos, algunos dinosaurios podrían haber tenido coloraciones que los "disfrazaran", ocultándolos de sus probables cazadores o sus posibles víctimas.

También, como sucede actualmente en muchos animales, el color diferente puede servir para reconocer al sexo opuesto en la época de la reproducción. Los machos podían hacer exhibiciones de colores y competir contra otros machos para conquistar a una hembra. Las crías debieron tener colores diferentes a los de sus padres y con el transcurso del tiempo cambiar de color.

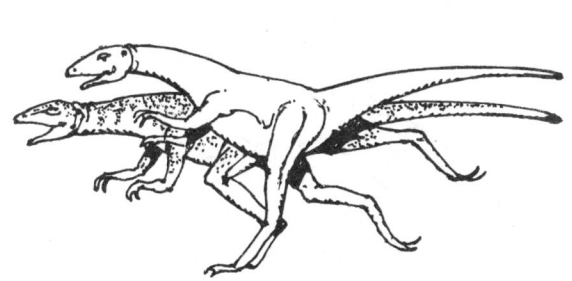

Colores para el cortejo

Es muy probable que los dinosaurios machos tuvieran un color diferente al de las hembras, por lo menos en la época reproductora. Actualmente, muchos animales cambian el color de su piel, pelos o plumas, durante la época de reproducción.

Disfrazado para cazar

Un dinosaurio carnívoro, como *Allosaurus*, podría haber tenido rayas y manchas como los tigres, que le ayudarían a esconderse entre la vegetación, para acechar a sus presas.

 # Camuflados para atacar

Podemos investigar sobre el color de los dinosaurios comparándolos con animales actuales. Si el dinosaurio cumplía la misma función que el animal actual y si vivía en un ambiente similar, entonces es muy probable que el color fuera semejante en ambos casos.

Observa los animales de estas dos páginas: están representados algunos dinosaurios carnívoros de tamaño pequeño. En el margen derecho de la otra página, podrás encontrar algunos de los gatos salvajes que habitan la República Argentina. Imagina que tanto los dinosaurios como los gatos se alimentan de pequeños animales y que habitan en lugares parecidos. Trata ahora de pintar a los dinosaurios con los colores de cada uno de los gatos. Es muy probable que alguno de ellos haya tenido colores semejantes.

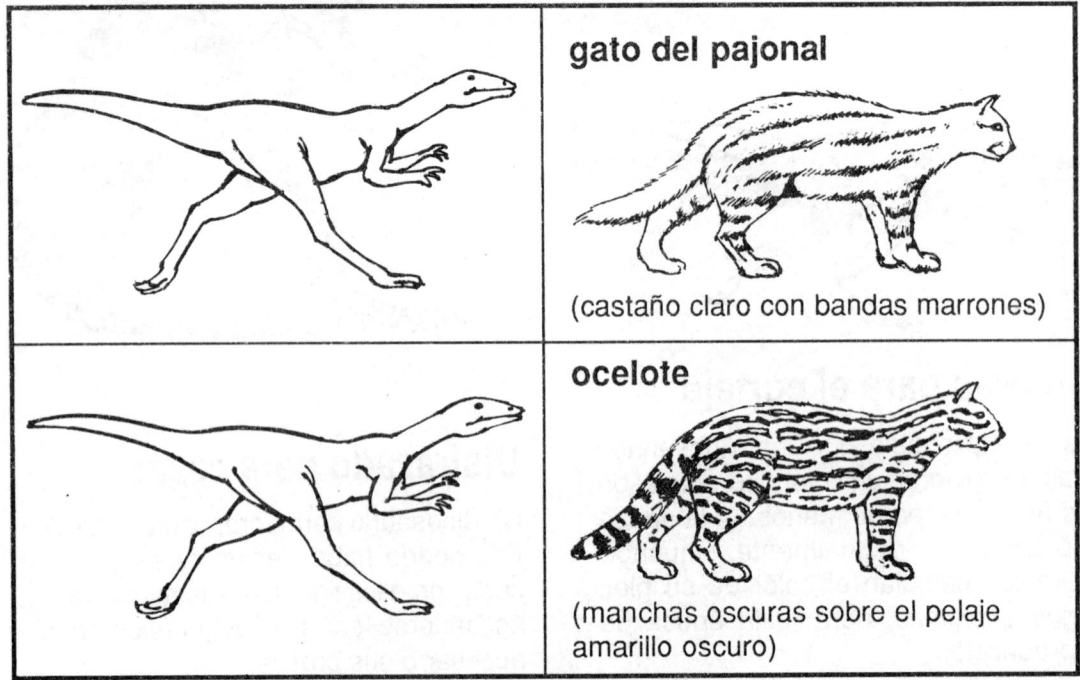

gato del pajonal

(castaño claro con bandas marrones)

ocelote

(manchas oscuras sobre el pelaje amarillo oscuro)

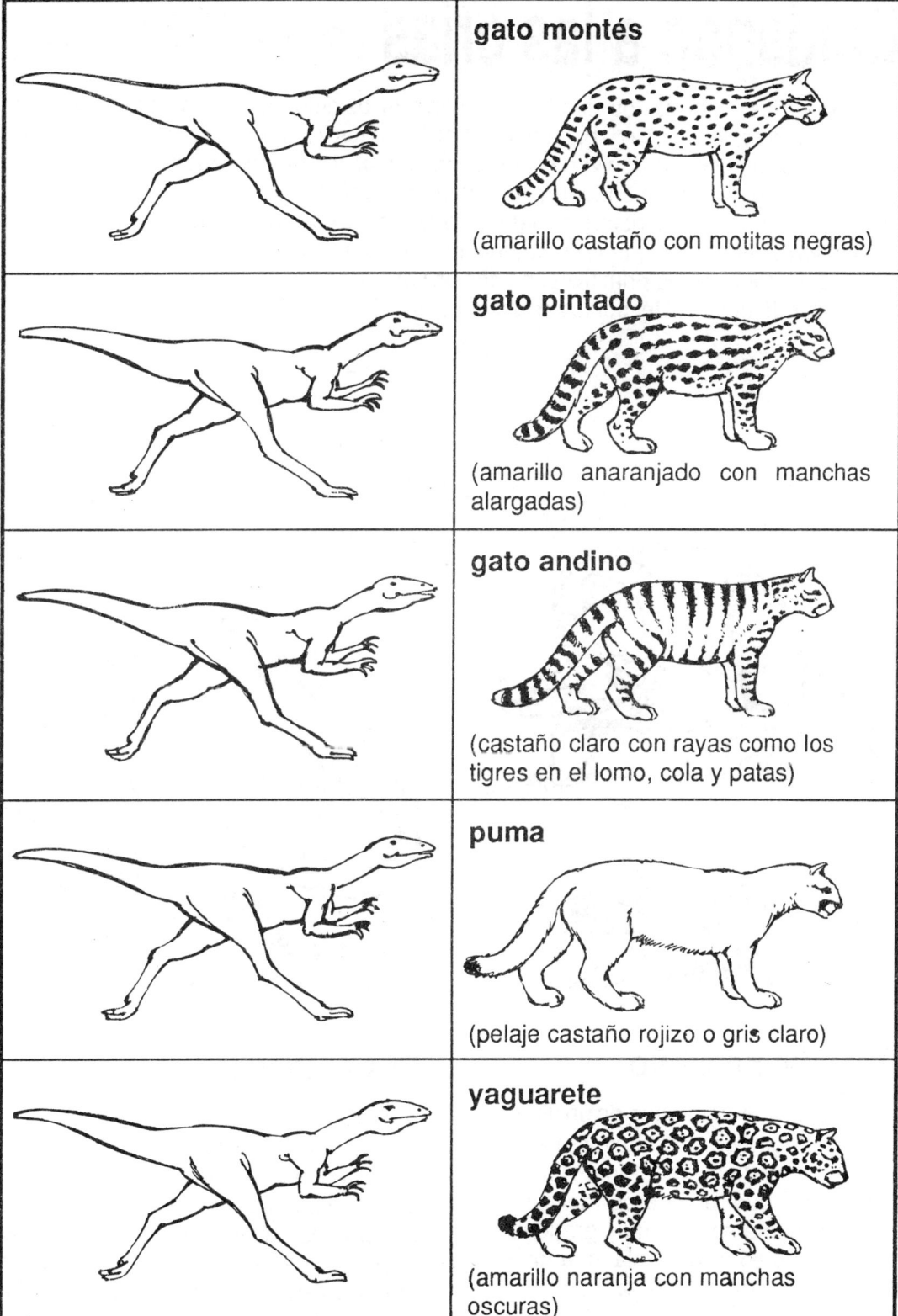

Cuidando a las crías

Durante varias décadas, los científicos creían que los dinosaurios, como la mayoría de los reptiles actuales, no cuidaban en absoluto los nidos y crías. Sin embargo, hace unos veinte años se descubrieron varios nidos con huevos y crías fosilizadas, y se demostró que algunos dinosaurios criaban y defendían sus crías.
Muchos dinosaurios construían nidos elevados, aptos para que uno de los dos progenitores, el macho o la hembra, incubaran los huevos y los protegieran.
Otros dinosaurios, más primitivos, no construían nidos, y enterraban los huevos en la arena, donde el calor del sol los calentaba.

Tamaño pequeño

En relación con el tamaño de un dinosaurio adulto grande, los huevos eran casi diminutos, siendo unas veinte veces más pequeños que el cuerpo del animal. Pero, si hubieran sido más grandes, no habría podido respirar la cría que se desarrollaba en su interior.

Paseo familiar

Probablemente, las crías recién nacidas de muchos dinosaurios fueran protegidas por la manada de adultos al desplazarse. Los pequeños caminarían rodeados por los adultos, como lo hacen muchos mamíferos actuales. Los rezagados o enfermos serían cazados por los dinosaurios carnívoros.

A pesar del enorme tamaño de muchas de estas bestias, los huevos nunca sobrepasaron los 30-40 centímetros de longitud, pues la cáscara habría sido demasiado gruesa para que el oxígeno del aire la atravesara y, entonces, el embrión hubiera muerto asfixiado dentro del huevo.

Que los adultos cuidaban los nidos está comprobado: en una localidad norteamericana, junto a los nidos con huevos y las crías fosilizadas de un dinosaurio herbívoro, se encontraron los restos de un pequeño dinosaurio carnívoro, al que los científicos denominaron *Oviraptor* (ladrón de huevos). Por las señales encontradas en el esqueleto de este dinosaurio, debió tener una muerte violenta: uno de los progenitores que cuidaba del nido se encargó de que no robara más huevos.

Cuidando a las crías

Los hadrosaurios construían nidos seguros para las crías. Es probable que los adultos llevaran alimento a los recién nacidos y los cuidaran hasta que ellos pudieran desenvolverse solos.

Recién nacidos

Aquí tenemos a dos crías de *Miasauria* saliendo del cascarón. Probablemente, las crías de dinosaurios debieron ser activas desde el mismo nacimiento.

 Construyamos un nido de dinosaurios

Puedes imitar nuevamente a la naturaleza, construyendo un nido fósil de dinosaurios en tu casa. Para ello, necesitas los siguientes materiales:

- Yeso de fraguado rápido o arcilla para modelar.
- Un recipiente en desuso (un plato hondo o pote de helados de tamaño grande).
- Cáscaras de huevo (más o menos enteras).
- Pegamento.
- Arena.
- Témperas y pinceles.
- Elementos de limpieza.

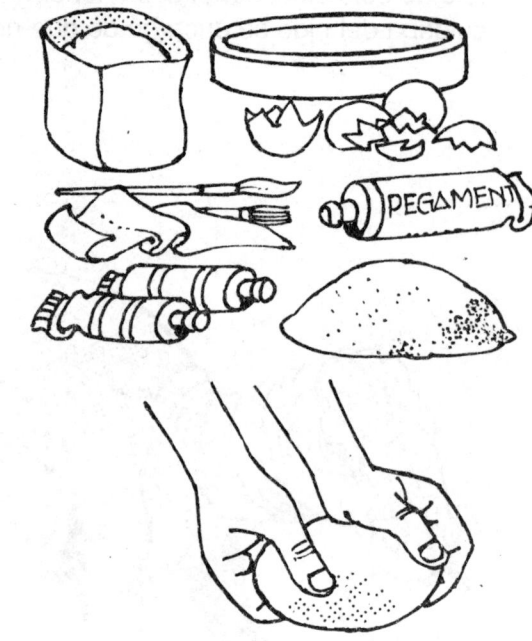

Cómo fabricar los huevos:

1) Con la arcilla, modela huevos de dinosaurio: éstos tenían forma alargada (observa los modelos). Una vez modelados, déjalos secar.

2) Una vez secos, pega con cuidado las cáscaras de huevo sobre la superficie, imitando el aspecto de un huevo que se está por romper.

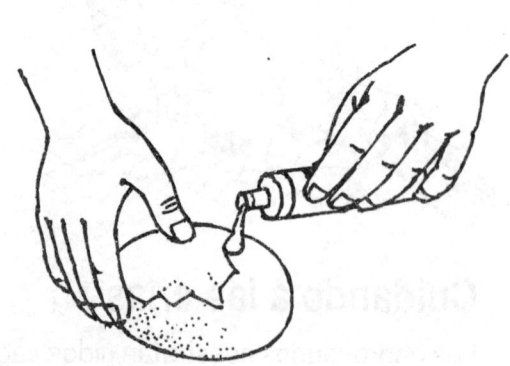

3) Pinta los huevos con témpera. No uses colores fuertes; los verdaderos huevos fósiles son de color grisáceo u ocre.

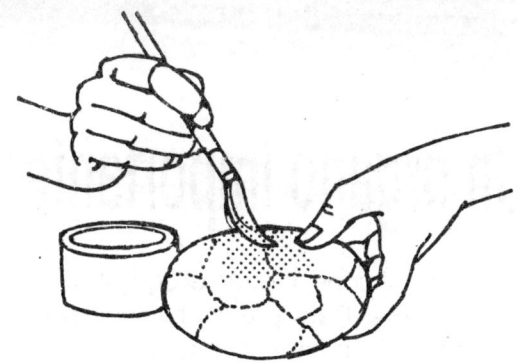

4) Coloca con cuidado los huevos sobre el plato o el pote: ubícalos de manera que parezcan recién puestos por el animal. Luego, cúbrelos parcialmente con arena.

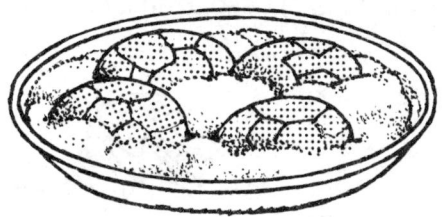

5) Según el tipo de huevo que hayas elegido para construir tu nido, puedes escribir en una etiqueta el nombre del dinosaurio. ("Nido con huevos de…").

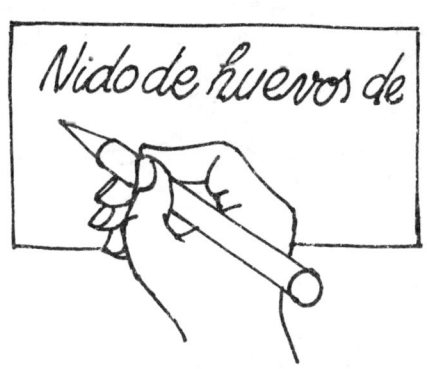

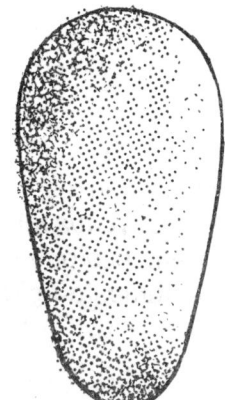
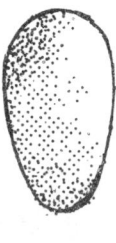
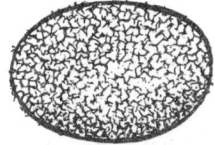

Un órgano importante: la cola

Si los dinosaurios perdían el equilibrio y caían al suelo, les hubiera sido muy difícil volver a levantarse. Para prevenir esos accidentes, la cola de estos animales participaba activamente en los movimientos de los dinosaurios. Ella evitaba que se cayeran "de boca", equilibrando el peso de la cabeza y del cuello.
Cuando los dinosaurios bípedos corrían, se inclinaban hacia adelante, como lo hacemos nosotros. La cola de estos animales se levantaba y se colocaba paralela al suelo. Muchos dinosaurios bípedos tenían varillas de hueso que hacían rígida a la cola y que facilitaba el desplazamiento a gran velocidad.

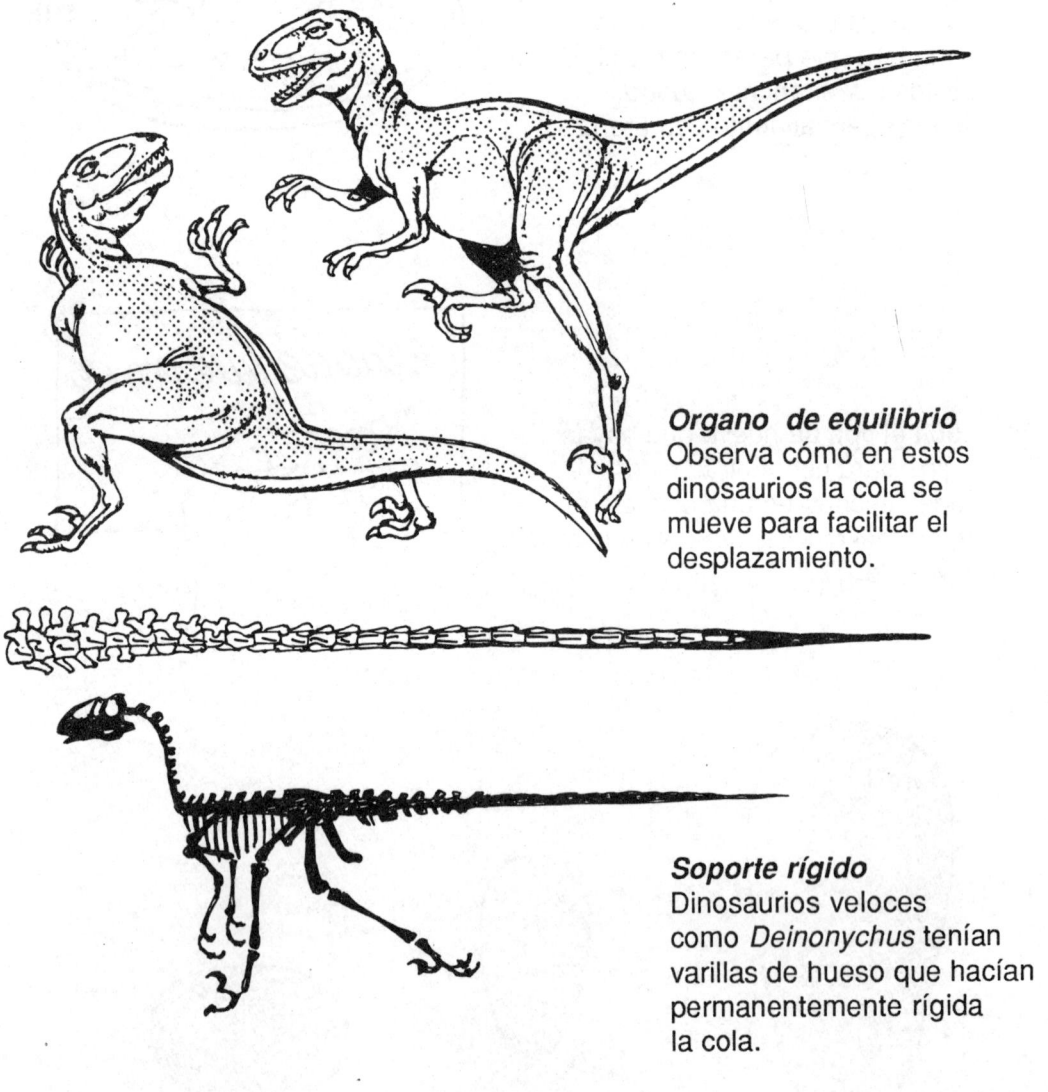

Organo de equilibrio
Observa cómo en estos dinosaurios la cola se mueve para facilitar el desplazamiento.

Soporte rígido
Dinosaurios veloces como *Deinonychus* tenían varillas de hueso que hacían permanentemente rígida la cola.

Muchos dinosaurios utilizaban la cola para protegerse de los ataques de otros dinosaurios carnívoros: algunos tenían púas o abultamientos en el extremo de la cola y ésta, al moverse de un lado a otro, podía transformarse en un arma terrible.

Armados para defenderse:

1) Las púas de la cola de *Stegosaurus* mantenían a buena distancia al carnívoro *Allosaurus*.

2) La punta en forma de maza de *Ankylosaurus* podía dar terribles golpes cuando el animal se sentía amenazado.

 ## Armemos un colgante móvil

Puedes saber mucho más sobre cómo mantenían su equilibrio los dinosaurios armando un colgante. Para ello necesitas los siguientes materiales:

- Un lápiz o una regla.
- Una cuchara.
- Tijera.
- Pegamento.
- Hilo de nailon.
- Alicates.
- Cuatro varillas de alambre de veinte centímetros de largo.
- Figuras para recortar y montar el colgante (búscalas en las páginas finales).

Cómo hacer:

1) Intenta mantener en equilibrio la regla o el lápiz sobre tu dedo. ¿Cuál es el punto de equilibrio? En cada caso, ese punto corresponde al lugar en donde el peso es igual de cada lado.

2) Con ayuda de los alicates, extiende el alambre de la espiral de un cuaderno en desuso y corta trozos de veinte centímetros de largo. Dobla las puntas formando una pequeña arandela.

3) Recorta las figuras de dinosaurios de las páginas finales y pega ambos lados. Observa la marca para la perforación, que corresponde aproximadamente al punto de equilibrio del animal. ¿Está ubicado en el medio del cuerpo? ¿Qué le hubiera sucedido al dinosaurio si el punto de equilibrio hubiese estado ubicado cerca de la cabeza? ¿Y qué le hubiera sucedido si hubiese estado ubicado cerca de la cola?

4) Perfora el dibujo a la altura de la marca y pasa por el orificio el hilo. Ata firmemente. La longitud del hilo debe ser más o menos igual para cada uno de los dinosaurios que van sobre un mismo trozo de alambre.

5) Cuando hayas montado los dinosaurios sobre el alambre, busca el punto de equilibrio del conjunto y ata allí el hilo que sostendrá a los otros alambres. Repite el procedimiento para cada varila con dinosaurios.

6) La varilla final, que se sostiene del techo de la habitación, debe soportar el peso de todos los animales. Refuerza con doble hilo para evitar que se rompa.

Dinosaurios diferentes

Existieron no uno, sino cientos de tipos diferentes de dinosaurios. Los científicos continúan encontrando nuevos restos y descubriendo nuevas especies de dinosaurios en todos los continentes.

Árbol familiar de los dinosaurios

Los dinosaurios más antiguos se remontan a unos doscientos millones de años atrás, en la parte final del período Triásico de la era Mesozoica (para saber cuándo vivieron los dinosaurios, consulta en las pag. 100).

Todos los dinosaurios se pueden agrupar en dos grandes conjuntos, llamados *órdenes*: Los *dinosaurios saurisquios* y los *dinosaurios ornitisquios*. La palabra saurisquio significa "cadera de reptil" y la palabra ornitisquio quiere decir "cadera de ave". Estos términos nos dicen que había dos tipos fundamentales de dinosaurios: unos que tenían los huesos de la cadera dispuestos como los de los reptiles actuales, y otros con los huesos de la cadera que se disponían como los de las aves actuales.

Cada grupo a su vez se puede dividir en pequeños grupos: por ejemplo, los dinosaurios saurisquios se dividían en dos grupos:
• los herbívoros, que caminaban en cuatro patas, llamados *saurópodos,*
• los carnívoros, que eran bípedos y que se denominan *terópodos.*

Los dinosaurios ornitisquios eran todos herbívoros, y se dividían en cuatro grupos:
• herbívoros bípedos, llamados *ornitópodos;*
• herbívoros que caminaban en cuatro patas y tenían cuernos, los *ceratopsios;*
• dinosaurios cuadrúpedos con armadura, los *ankylosaurios,*
• dinosaurios con placas, como *stegosaurus.*

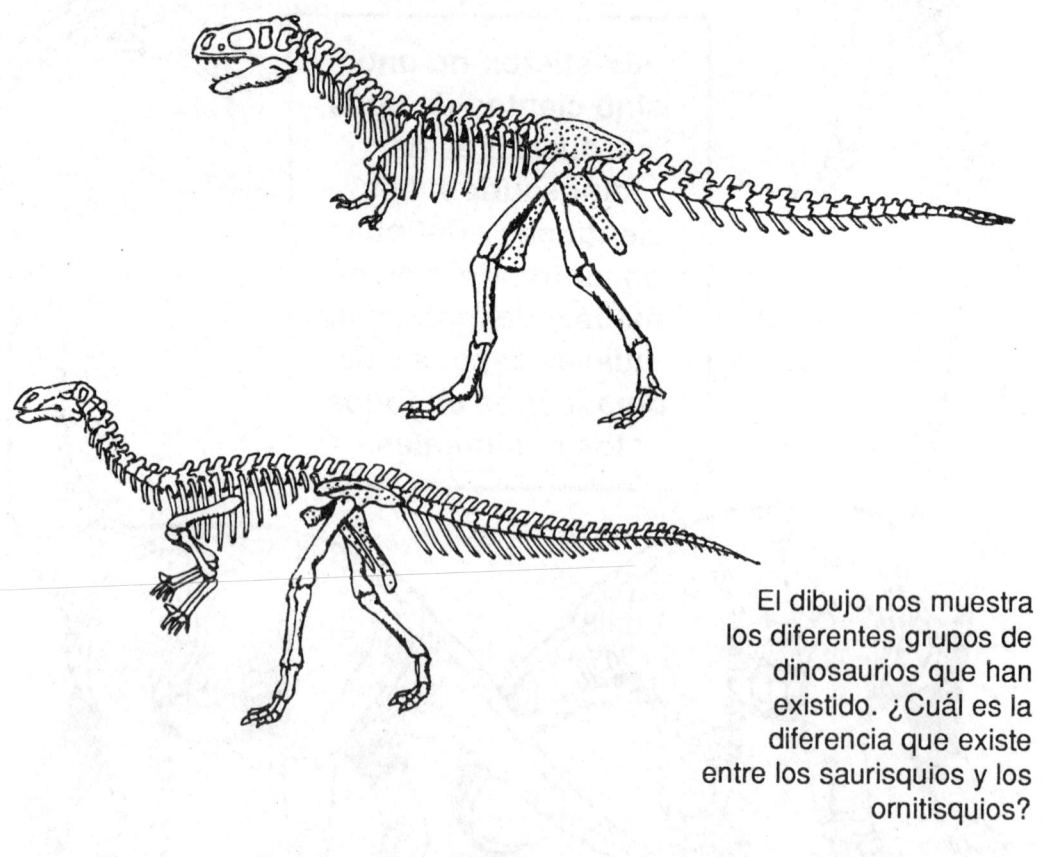

El dibujo nos muestra los diferentes grupos de dinosaurios que han existido. ¿Cuál es la diferencia que existe entre los saurisquios y los ornitisquios?

Huesos de la cadera

Los huesos de la cadera de *Tyrannosaurus* están dispuestos de manera diferente a los huesos que posee *Triceratops*. Esta diferencia ha permitido a los científicos separar los dinosaurios en dos grupos diferentes.

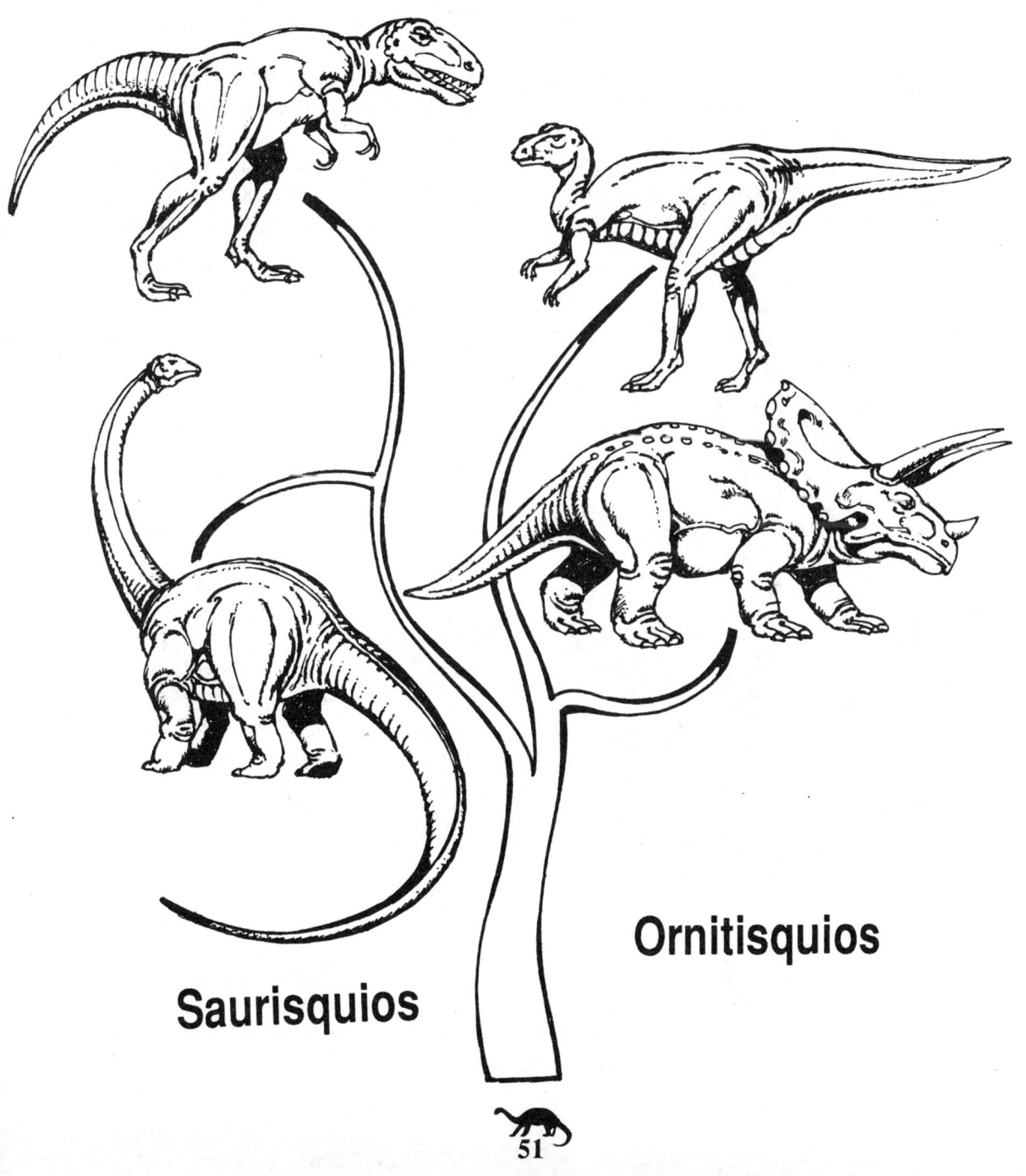

Saurisquios

Ornitisquios

Dinosaurios carnívoros

Los **dinosaurios carnívoros** (comedores de carne) cumplían la misma función que los tigres, yaguaretés, lobos y zorros actuales. El tamaño de estos animales era muy variado: desde pequeños dinosauritos del tamaño de un pollo hasta enormes asesinos de más de cinco metros de altura. A pesar de la diferencia de tamaño, todos los dinosaurios carnívoros tenían características en común:

- todos eran animales bípedos, con patas posteriores muy fuertes y musculosas;
- las patas anteriores eran mucho más chicas que las posteriores;
- la cadera de estos animales se parece a la de los lagartos (eran dinosaurios saurisquios: relée "árbol familiar");
- estaban armados con poderosos dientes que tenían un borde aserrado, ideal para desgarrar y cortar; algunos tenían un pico de bordes filosos.

En las próximas páginas conoceremos más a fondo algunos de estos animales tan particulares.

A. *Tyrannosaurus*, el carnívoro terrestre más grande que se conoce.

B. *Allosaurus*, un dinosaurio carnívoro que vivió en Norteamérica antes que el tiranosaurio.

C. *Carnotaurus*, un dinosaurio carnívoro argentino que vivió en lo que hoy es la patagonia.

¿Mandíbulas o tijeras?

Los huesos de la mandíbula de los dinosaurios carnívoros estaban articulados de manera tal que al morder, actuaban como una tijera, haciendo mucha fuerza sobre la víctima y destrozándola con sus filosos dientes.

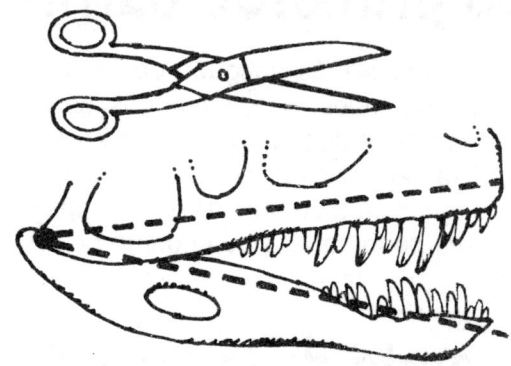

Cazadores de todos los tamaños

Aquí se presentan a escala algunos dinosaurios carnívoros con un ser humano y con un tigre actual:

D. *Struthiomimus,* un dinosaurio avestruz muy veloz

E. *Deinonychus,* armado con terribles garras en sus patas.

F. *Compsognathus,* un pequeño dinosaurio carnívoro.

Los primeros carnívoros

Los dinosaurios más antiguos de los hasta hoy conocidos y que podrían ser los "abuelos" de todos los dinosaurios carnívoros y de dinosaurios herbívoros como Diplodocus o Patagosaurus, fueron encontrados en América del Sur, en Argentina y Brasil. Eran animales de tamaño mediano, que marchaban en dos patas y que tenían dientes aptos para comer carne. Actuamente, muchos científicos opinan que nuestro continente pudo haber sido el punto de origen de todos los dinosaurios.

"Lagarto de la cruz del Sur"

Los científicos encontraron en el sur de Brasil, en un yacimiento denominado "Santa María", el esqueleto de un dinosaurio muy antiguo, que vivió durante el período triásico (busca en el libro la sección "Cuándo vivieron"), muchísimo antes que la mayoría de los dinosaurios. Tenía la altura de una persona mediana, pero no era más pesado que un perro. Por haber sido encontrado en el Hemisferio austral, los científicos lo llamaron *Staurikosaurus*, que en latín quiere decir "reptil de la cruz del Sur". *Staurikosaurus* estaba armado con afilados dientes: era sin duda, un carnívoro activo. Sin embargo, los expertos creen que de él se originaron, posteriormente, los dinosaurios herbívoros con pelvis de lagarto, llamados saurópodos.

Staurikosaurus, uno de los dinosaurios conocidos más antiguos, medía unos dos metros de largo y pesaba solamente 5 kilos.

Otro dinosaurio primitivo, parecido a Staurikosaurus, fue el *Herrerasaurus,* encontrado en el noroeste de la Argentina, en la zona de Ischigualasto. *Herrerasaurus* era más grande que Staurikosaurus y también más pesado. Ambos animales no vivieron en la misma época: *Herrerasaurus* es más "moderno". Existe una reconstrucción de este animal en el museo de Ciencias Naturales de la Plata, en la República Argentina. Animales parecidos han sido encontrados también en el otro extremo del planeta, en China.

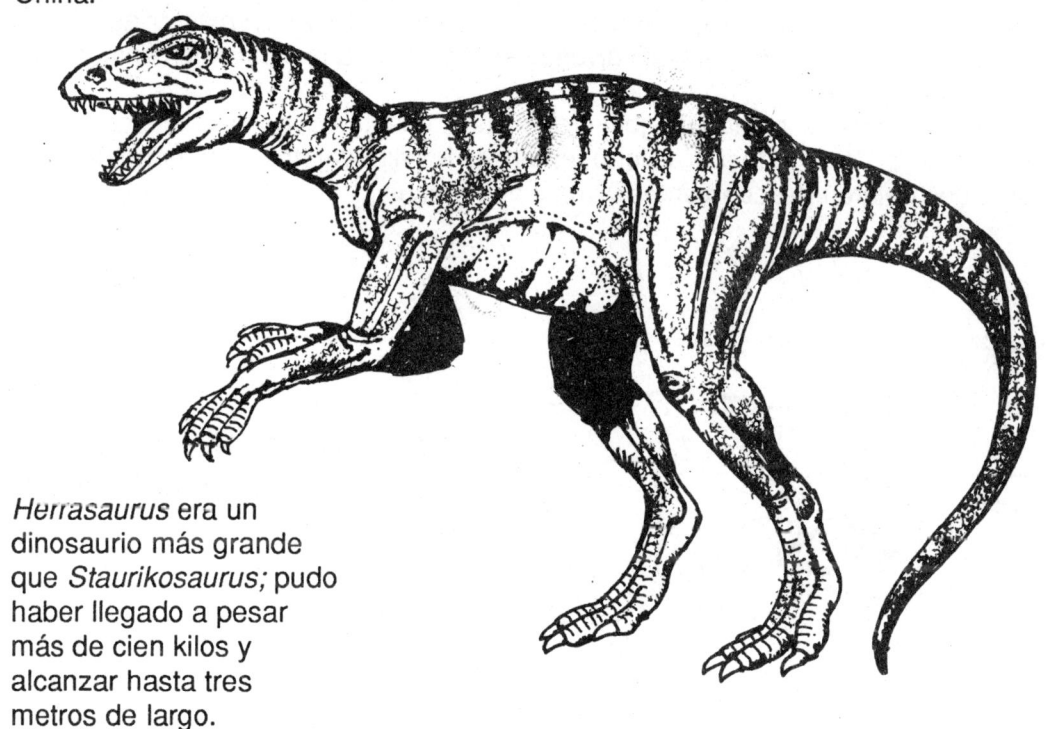

Herrasaurus era un dinosaurio más grande que *Staurikosaurus;* pudo haber llegado a pesar más de cien kilos y alcanzar hasta tres metros de largo.

Dónde se encontraron

En el mapa aparecen los lugares donde fueron hallados los esqueletos de estos dos dinosaurios. Sudamérica pudo haber sido uno de los continentes de origen de los dinosaurios.

Dino-medidas: busca en el libro la sección que te enseña a fabricar tus dino-medidas, y ¡úsalas para estos animales sudamericanos!

Los "cola hueca"

El nombre de este grupo de dinosaurios carnívoros, de talla pequeña, los celofísidos, significa literalmente "cola hueca", y se debe a que las vértebras se habían reducido para que el animal pesara menos.

Entre los "cola hueca" había dinosaurios muy pequeños, como *Compsognathus;* otros alcanzaban la altura de una persona. Todos eran bípedos y en sus patas habían filosas garras para atrapar a las presas. Las patas anteriores eran más chicas que las posteriores y tal vez les servían para atrapar pequeños animales y llevarlos a la boca. Agunos de estos dinosaurios pudieron haberse alimentado de pequeños lagartos, insectos y anfibios; otros eran caníbales y se comían a sus propias crías. Otros, probablemente eran comedores de carroña, que aprovechaban los restos dejados por otros animales.

Actualmente, muchos paleontólogos creen que de este grupo de dinosaurios se originaron las aves. Si esto fuera cierto, entonces los dinosaurios no habrían desaparecido, pues dejaron descendientes vivos y numerosos.

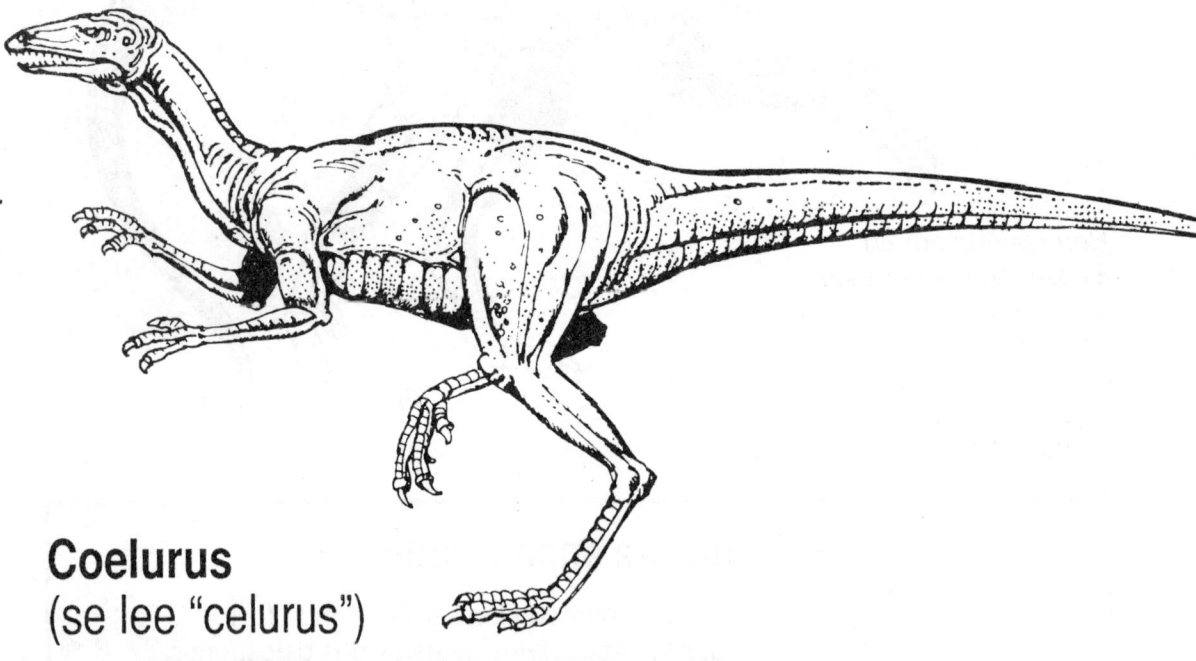

Coelurus
(se lee "celurus")

Es un dinosaurio típico de este grupo. Sus rasgos más notables son:

1) tamaño pequeño;
2) cuerpo muy ligero, para poder correr velozmente;
3) dedos con garras;
4) dientes numerosos y afilados;
5) cola larga que servía para mantener el equilibrio del animal.

Tamaño pequeño 1

Observa el tamaño de estos dinosaurios y compáralos con el ovejero alemán:
a) *Coelurus*;
b) *Saltopus*;
c) *Compsognathus*.

Tamaño pequeño 2

Compara el tamaño de estos cráneos con la mano humana:
1) *Compsognathus*;
2) *Coelurus*. A pesar del pequeño tamaño, el largo del cuerpo de estos dinosaurios era apreciable, porque la cola debía ser lo bastante larga para mantener al animal en equilibrio.

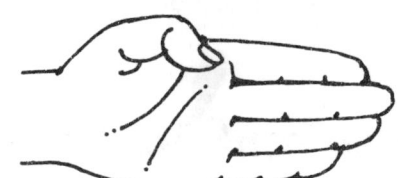

 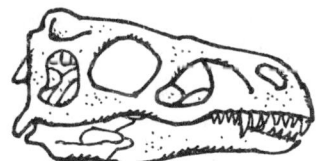

Un caníbal prehistórico

Se han encontrado esqueletos de pequeños dinosaurios en la cavidad abdominal de animales más grandes. Es probable que fueran crías recién nacidas o muy jóvenes que sirvieron de alimento a un adulto hambriento.

 # Cómo conseguir un rastro fósil... en una plaza

Los buscadores de fósiles de dinosaurios han encontrado numerosas huellas de dinosaurios. Sus pisadas pueden quedar fosilizadas y nos enseñan mucho sobre el animal que las produjo. Tú vas a convertirte en cazadores huellas, y podrás agregar a tu colección de dinosaurios una réplica casi perfecta de un rastro de dinosaurio. Los materiales que necesitas son muy pocos.

Qué materiales necesitas

- Arcilla para modelar. Papel celofán (varias hojas).
- Una caja de cartón (de zapatos) con tapa.
- Migas de pan.
- Un frasco con un poco de agua y algodón.

Cómo se fabrican los rastros

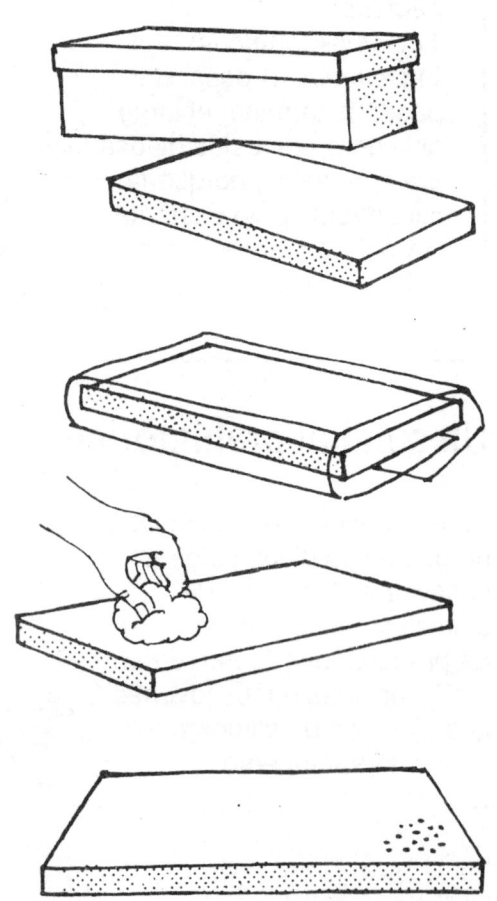

1) Con la arcilla debes formar losas de unos dos centímetros de grosor y de tamaño un poco más chico que la tapa de la caja. Con tres o cuatro losas podrás pasar una tarde divertidísima estudiando la manera en que se forman las huellas.

2) Una vez formadas las losas y cuando todavía están húmedas, cúbrelas con el papel celofán o con una bolsa de plástico y vas a la plaza más cercana. No hay que olvidarse de las migas...

3) Coloca las losas sobre el suelo y humedécelas con el algodón empapado en agua.

4) Cuando la superficie está bien húmeda y blanda, pones una buena cantidad de migas de pan en uno de los extremos y te sientas a esperar a una prudente distancia...

5) Pronto palomas y gorriones acudirán a comer las migas y dejarán sus huellas por toda la losa. Haz la prueba de acercarte lentamente hasta la misma. Las palomas comenzarán a caminar más rápido, y dejarán un rastro exactamente igual al que podría haber dejado un pequeño dinosaurio como, por ejemplo, *Compsognathus*. Toma varias muestras, cambiando las losas cuando estén llenas de huellas. Si te interesa un único rastro, puedes borrar los demás con un algodón empapado en agua. Antes de irte, retira las migas de cada una de las losas y déjalas secar al sol durante unos minutos. Luego envuélvelas con cuidado en el papel celofán y llévalas a tu casa. Una vez secas, puedes barnizarlas o pintarlas.

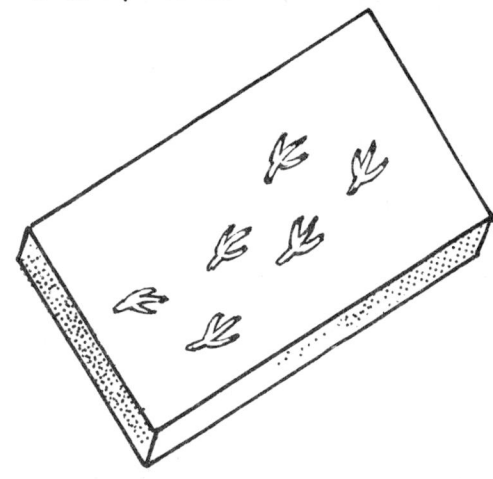

Rastros que nos dicen mucho

Las huellas de dinosaurios nos pueden dar valiosos datos sobre estos animales. Las huellas que aquí ves corresponden a un dinosaurio bípedo carnívoro, que estaba corriendo sobre el barro, luego convertido en arcilla dura.

Evidencias de un crimen

Los científicos norteamericanos encontraron un rastro de dinosaurio muy especial: las huellas redondeadas corresponden a un dinosaurio herbívoro que caminaba en cuatro patas; las huellas más pequeñas, superpuestas a las anteriores corresponden a un dinosaurio carnívoro grande, que iba detrás de su presa... nunca podremos saber si el carnívoro alcanzó al herbívoro, pues la parte final del rastro no se conservó.

Dinosaurio-avestruz o avestruz-dinosaurio

Algunos dinosaurios carnívoros se especializaron en poder comer tanto animales como semillas y brotes de vegetales. Entonces los dientes dejaron paso a un pico filoso. Por la forma del cuerpo y de la cabeza, los expertos llamaron a estos animales *ornitomímidos,* es decir "imitadores de aves"; uno de ellos, el *Struthiomimus* o "dinosaurio-avestruz", era muy parecido a los avestruces y ñandúes actuales, aunque no estaba para nada emparentado con ellos. Tenía un cuello largo y patas posteriores vigorosas; es posible que pudiera correr a la velocidad de un caballo. La cola, a diferencia de las aves arriba mencionadas, era larga y equilibraba el cuerpo de estos animales.

Tenían ojos muy grandes, que les servían tanto para encontrar su alimento como para detectar cualquier posible enemigo. Cuando los acosaba algún dinosaurio carnívoro más grande, los dinosaurios-avestruz escapaban a toda velocidad.

¿Quién imita a quién?

Los expertos en dinosaurios llamaron a estos animales "imitadores de avestruz. Sin embargo, los avestruces son aves muy recientes: en realidad, ellas imitan el antiguo diseño de aquellos reptiles. Para tener una idea de las semejanzas que existen entre uno y otro animal, te sugerimos que completes el siguiente cuadro, consultando en una enciclopedia las características de los avestruces, y buscando en el libro los datos que faltan de Struthiomimus:

	Avestruz	Struthiomimus
Tamaño		
Velocidad		
Alimento		
Huevos		
Patas		
Boca		
Sangre caliente o sangre fría		

Armas mortales

Los dromeosaurios eran dinosaurios carnívoros muy veloces que tenían en uno de los dedos de sus patas posteriores una garra articulada muy filosa. Con ella podrían literalmente abrir y partir en dos a un dinosaurio herbívoro pequeño.
El tipo de dromeosaurio más conocido es *Deinonychus,* que significa, en latín, "garra terrible".
Pero, además de poseer esa formidable arma, *Deinonychus* tenía una cabeza enorme armada de filosos dientes. Las patas posteriores eran muy grandes y musculosas, lo que le permitía a este dinosaurio efectuar saltos para caer sobre sus víctimas.
La cola estaba formada por vértebras unidas entre sí para permanecer constantemente rígida y levantada del suelo. De esa manera, podían alcanzar velocidades elevadas.
Algunos esqueletos de *Deinonychus* fueron encontrados junto a restos de dinosaurios herbívoros: es probable que estos dinosaurios cazaran en manadas, como lo hacen actualmente los lobos.

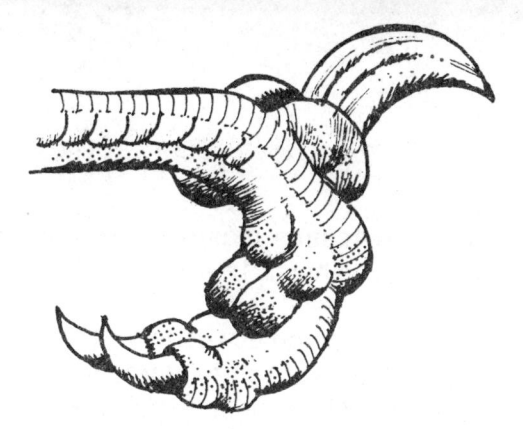

Garra terrible

Tal es el nombre de este dinosaurio, y, como puedes ver, estaba muy bien equipado para ser un excelente cazador.

Peleas por el cortejo

Algunos expertos piensan que *Deinonychus* habría podido usar sus garras en combates simulados, luchando entre sí por la reproducción.

Cazadores en grupo

Estos dinosaurios habrían podido agruparse en manadas para cazar dinosaurios más grandes que ellos.

Podían saltar

Deinonychus tenía poderosas patas traseras con las que efectuaban saltos rápidos, para caer sobre las víctimas.

Los buscadores de fósiles y expertos han encontrado en nuestro país el esqueleto de un dinosaurio parecido al *Deinonychus*, y provisto como éste de una filosa garra en uno de los dedos de las patas posteriores. Como fue encontrado en el Noroeste de Argentina, fue llamado *Noasaurus*.

Grandes carnívoros

Los carnosaurios eran los animales carnívoros terrestres más grandes que jamás hayan existido. En este grupo encontramos bestias de hasta 15 metros de largo y una altura de 4 ó 5 metros.
Todos ellos eran bípedos, y sus patas anteriores se habían achicado mucho, con dos o tres dedos en cada mano. El cuello de estos animales era corto, pero muy musculoso, especializado para que la cabeza, armada de terribles dientes, pudiera girar rápidamente y asestar dentelladas mortales.
Los expertos consideran que los carnosaurios más grandes, como *Tyrannosaurus*, no podían correr demasiado y, por lo tanto, se habrían dedicado a comer carroña, como las hienas actuales.

Galería de monstruos
Los animales que conocerás a continuación representan a los carnosaurios más comunes, encontrados en varias partes del planeta.

Megalosaurus
Era un dinosaurio carnívoro que podía pesar unos 900 kilos y alcanzar una longitud de hasta 9 metros. Sus huesos fueron encontrados en varios continentes. Vivió en la misma época que los grandes dinosaurios herbívoros *Brontosaurus* y *Stegosaurus*.

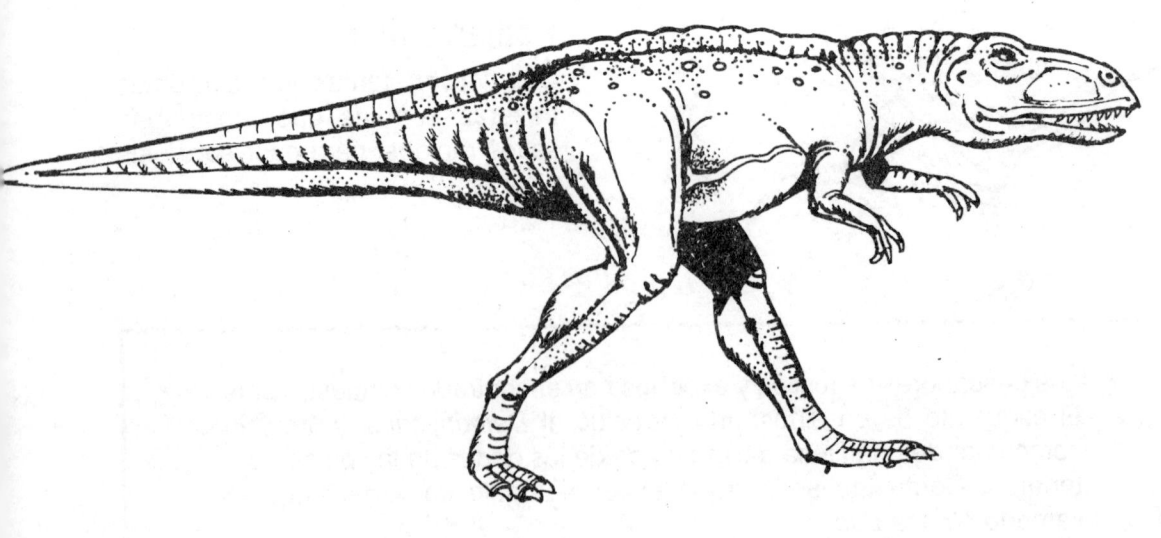

Jurásico

Helechos arborescentes

Coníferas

Cicas (Plantas primitivas parecidas a palmeras enanas)

Loncosaurus
Longitud: 2 m
Altura: 90 cm
Peso: 50 kg. (aprox.)

Carnotaurus
Longitud: 6/7 m
Altura: 4 m
Peso: 4 ton.

Patagosaurus
Longitud: 14 m
Altura: 4 m
Peso: 8/9 ton.

Diplodocus
Longitud: 27 m
Altura: 5 m
Peso: 11 ton.

Apatosaurus
(Brontosaurus)
Longitud: 21 m
Altura: 4,5 m
Peso: 30 ton.

Compsognathus
Longitud: 60 cm
Altura: 30 cm
Peso: 3 kg

Triceratops
Longitud: 9 m
Altura: 3 m
Peso: 5,5 ton.

Saltasaurus
Longitud: 12 m
Altura: 4 m
Peso: 4 ton.

Iguanodon
Longitud: 9 m
Altura: 5 m
Peso: 4,5 ton.

Stegosaurus
Longitud: 9 m
Altura: 4,5/5 m
Peso: 2 ton.

Ankylosaurus
Longitud: 11 m
Altura: 3 m
Peso: 3 ton.

Braquiosaurus
Longitud: 27 m
Altura: 12 m
Peso: 100 ton.

Tyrannosaurus
Longitud: 12 m
Altura: 5/6 m
Peso: 6,5 ton.

Piatnizkysaurus
Longitud: 6 m
Altura: 3 m
Peso: 1/2 ton.

Megalosaurus
Longitud: 9 m
Altura: 3,5 m
Peso: 900 kg/1 ton.

Kritosaurus
(Hadrosaurus)
Longitud: 8/10 m
Altura: 3/4 m
Peso: 1 ton.

Cretácico

Árboles modernos con flores

Palmeras

Robles y álamos

Primeras hierbas

Pinos y araucarias

Magnolia

Allosaurus

Era el "tigre" de la época de los dinosaurios. Vivió en el período Jurásico y era más grande que Megalosaurus. Los dientes de este animal tenían el tamaño de navajas (y su filo también). Pesaba entre una y dos toneladas y medía unos 11 metros de largo, con 5 metros de altura. Las patas anteriores estaban formadas por manos con tres dedos terminados en filosas garras.

Piatnitskysaurus

Era un dinosaurio parecido al Allosaurus, que vivió en la Patagonia argentina durante el Jurásico. Medía unos 8 metros de largo y las patas anteriores eran un poco más largas que las de su pariente cercano.

Carnotaurus

Era un dinosaurio carnívoro grande, con dos pequeñas crestas sobre los ojos. Vivió en la Patagonia, durante el Jurásico.

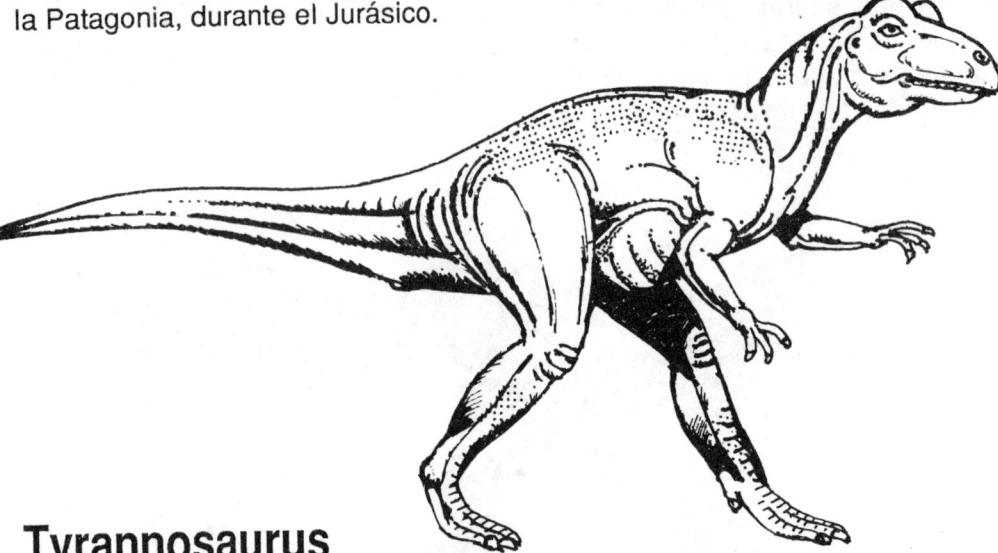

Tyrannosaurus

Era el carnívoro más grande: medía 12 metros de largo y tenía una altura de hasta seis metros. Algunos ejemplares llegaron a pesar siete toneladas. Las patas anteriores eran muy pequeñas y estaban formadas por manos con dos dedos terminados en garras. Probablemente se alimentaba de carroña.

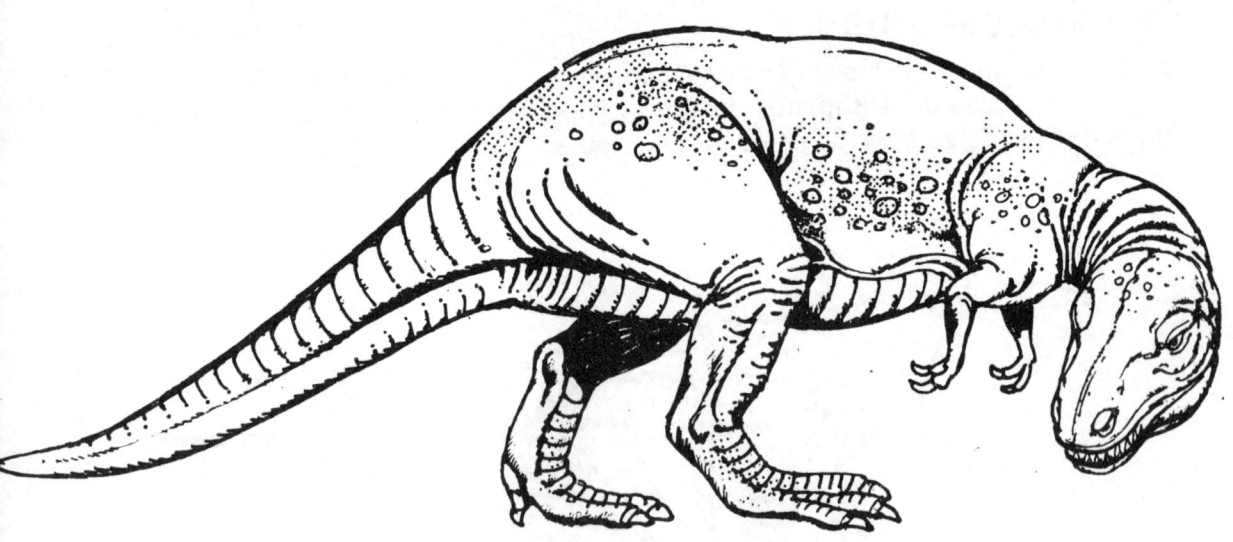

> Busca en la cuarta sección del libro: "Cuándo y dónde vivieron los dinosaurios", encontrarás información sobre los diferentes períodos y épocas en que vivieron los dinosaurios.

Caminando como un Tiranosaurio

Imagina que tienes una cola como la de *Tyrannosaurus*. Ahora estás cazando a una posible víctima. Inclina tu cuerpo hacia adelante y camina como un pato, anadeando, moviendo tus caderas, a un costado y al otro. Balancea tu imaginaria cola de un lado a otro. ¿Puedes moverte de esta manera muy rápido? ¿Crees que Tyranosaurus podría haber cazado los dinosaurios que se desplazaban más rápido?

Hombre diminuto

Dibujados a la misma escala, un tiranosaurio y un ser humano tienen la misma proporción que un hombre y un pollo. Observa el cráneo de Tyranosaurus. A pesar de su enorme tamaño y sus dientes terroríficos, el cerebro de este animal era pequeño en relación con el resto del cuerpo.

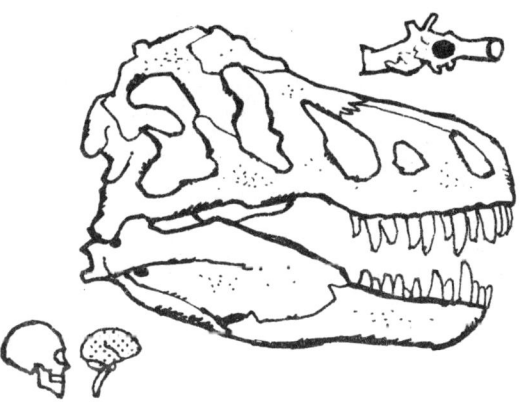

Diente de Tyranosaurus

El dibujo nos muestra un diente de Tyranosaurio, tamaño natural. Observa su borde aserrado.

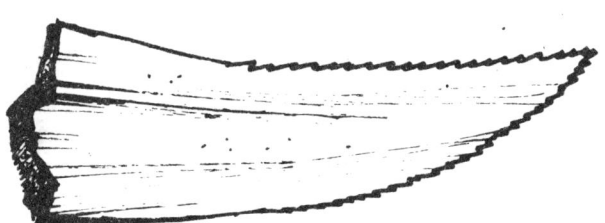

Manos fuertes

A pesar del pequeño tamaño, las patas anteriores de Tyrannosaurus eran muy fuertes, pues ayudaban al animal a levantarse cuando estaba acostado.

Dinosaurios herbívoros

Los dinosaurios herbívoros (comedores de plantas) no eran todos iguales: algunos de ellos eran cuadrúpedos, otros caminaban como los carnívoros, en dos patas. Algunos de estos animales tenían dientes débiles; otros poseían un pico chato como los patos. Había dos grandes grupos de dinosaurios herbívoros: los que tenían los huesos de la cadera parecidos a los reptiles se denominan saurópodos y eran cuadrúpedos; los que tenían huesos de la cadera parecidos a las aves se llaman ornitópodos y podían caminar en cuatro patas o en dos:

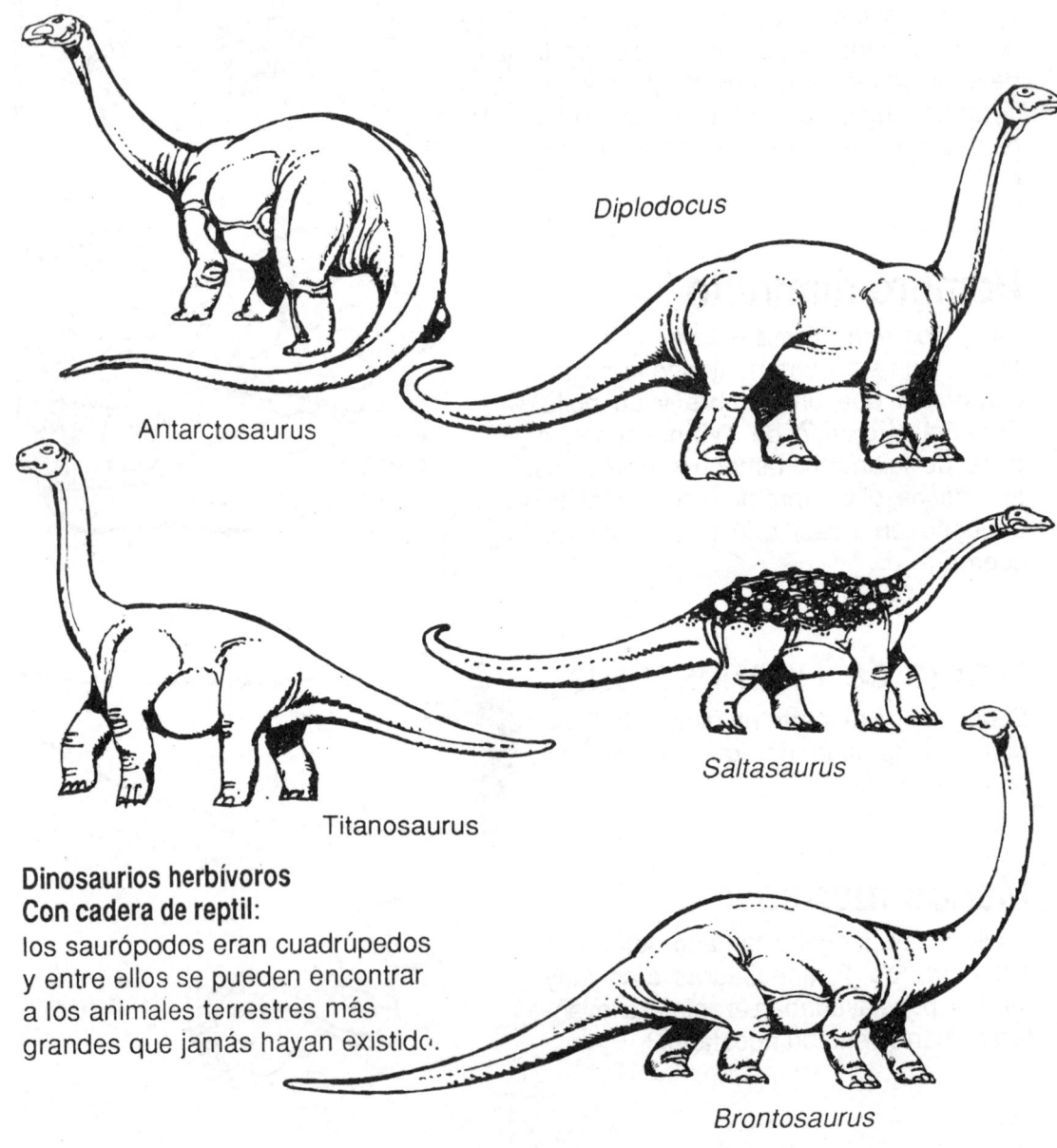

**Dinosaurios herbívoros
Con cadera de reptil**:
los saurópodos eran cuadrúpedos y entre ellos se pueden encontrar a los animales terrestres más grandes que jamás hayan existido.

Los dinosaurios herbívoros saurópodos, como los de la página anterior fueron abundantes durante el segundo período del Mesozoico, el Jurásico. En cambio, los ornitópodos eran los herbívoros más abundantes del Cretácico:

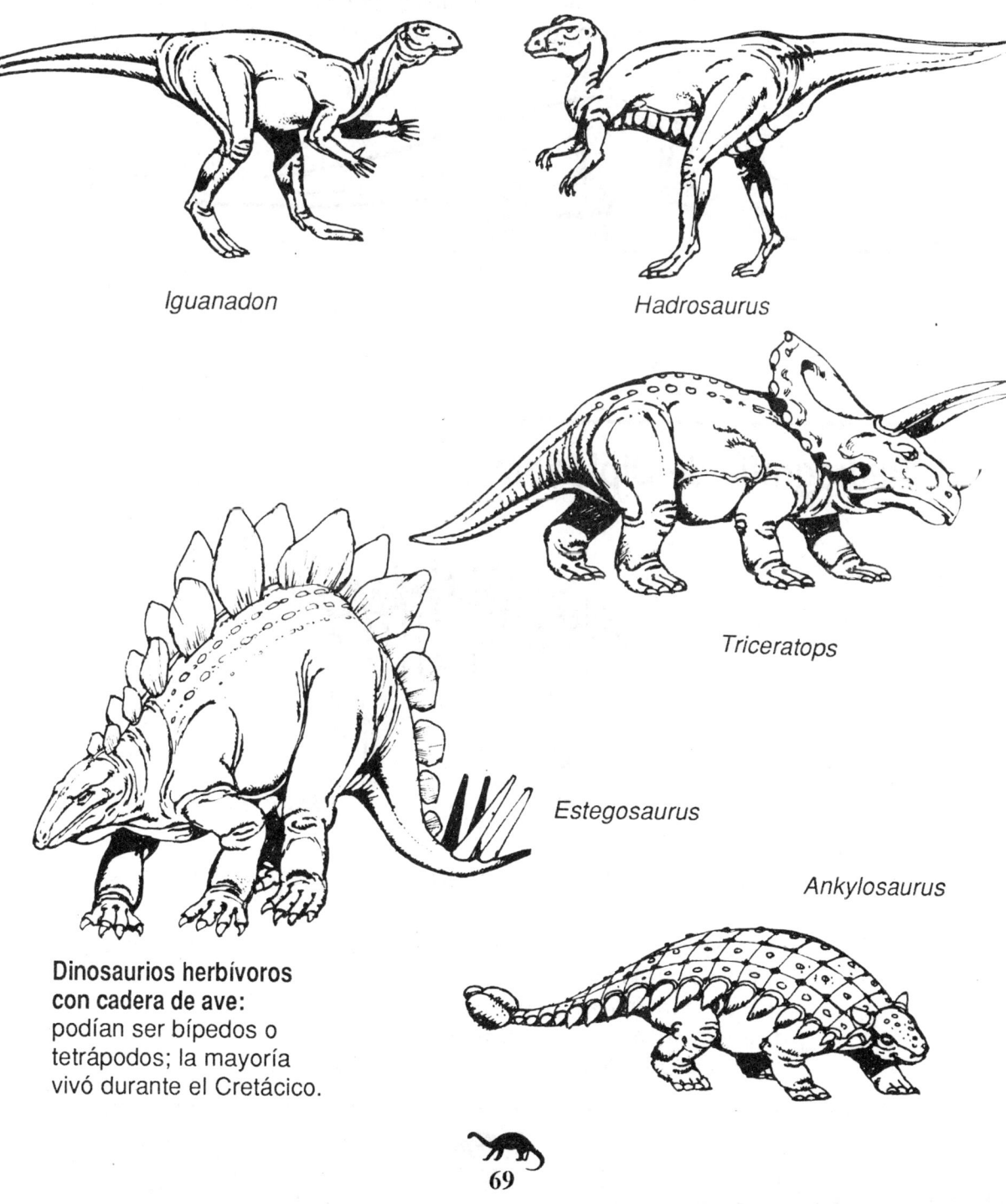

Iguanadon

Hadrosaurus

Triceratops

Estegosaurus

Ankylosaurus

Dinosaurios herbívoros con cadera de ave: podían ser bípedos o tetrápodos; la mayoría vivó durante el Cretácico.

Largos reptiles

Uno de los más largos y famosos dinosaurios fue *Diplodocus*. Este enorme animal medía unos 27 metros de largo. Gran parte de su longitud correspondía a la cola y al cuello del animal. Podía llegar a pesar unas 10 toneladas.

Otro dinosaurio muy parecido a *Diplodocus*, el *Brontosaurus*, era algo más corto y tenía una cabeza muy parecida, con dientes débiles ubicados en el borde de la mandíbula. Los orificios nasales de estos animales se abrían muy por encima de los ojos.

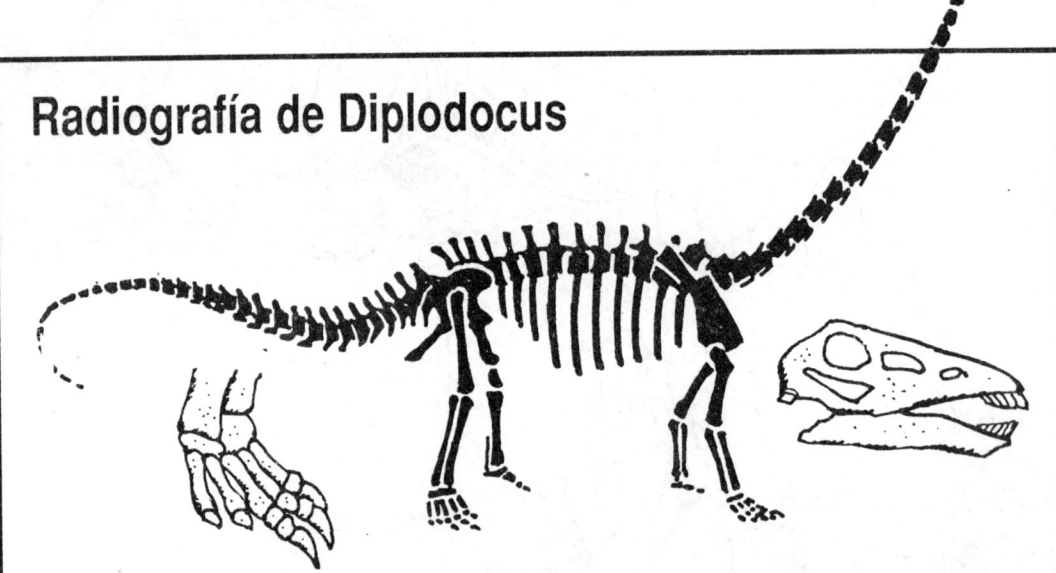

Radiografía de Diplodocus

Al observar su esqueleto, podemos encontrar algunos rasgos que se repiten en su primo, *Brontosaurus*:

    a) Cabeza con dientes débiles, no aptos para masticar las plantas;
    b) Cola y cuello muy largos;
    c) Patas terminadas en garras sin filo, no en pezuñas.
    d) Cuerpo enorme, pero no muy pesado.
    e) Orificios nasales que se abren arriba de los ojos.

 # Nueva cabeza y nuevo nombre

Cuando se descubrieron los primeros restos de *Brontosaurus* se hallaban mezclados con los de otro dinosaurio parecido, *Camarasaurus*, pero no se pudo encontrar la cabeza del primero. Entonces, los científicos supusieron que debía tener una cabeza parecida a la de Camarasaurus. Fue llamado Brontosaurus o "reptil del trueno", por el ruido que se creía hacían sus patas al desplazarse. Con el correr del tiempo, se encontró un esqueleto completo de Brontosaurus, incluida la cabeza.
Entonces se comprobó que era parecida, muy parecida a la de su primo Diplodocus. Por todos los problemas que había suscitado, Brontosaurus cambió de nombre: *Apatosaurus*, que significa "reptil engañador". Sin embargo, puedes utilizar los dos nombres indistintamente, aunque el último es el correcto.

Reptiles titánicos

Muchos de los dinosaurios saurópodos encontrados en América del Sur se agrupan en una familia llamada Titanosáuridos: reptiles titánicos. Algunos de ellos eran realmente grandes, pero había otros de tamaño mediano.
En la Argentina se encontró el hueso del muslo (fémur) de más de dos metros de largo, correspondiente a uno de estos dinosaurios.
Algunos de ellos poseían una especie de armadura, formada por pequeñas placas de hueso adheridas a la piel.
La cabeza de estos animales era alta, con dientes parecidos a tornillos.
Algunos de los titanosáuridos más conocidos:

Titanosaurus

Saltasaurus

Extraño dinosaurio acorazado

Saltasaurus despertó el interés de los científicos de todo el mundo, porque era el primer dinosaurio saurópodo con armadura que se descubría en el mundo.

Antarctosaurus

Laplatasaurus

Muslo gigante
En el Museo de Ciencias Naturales de La Plata, en Argentina se expone el fémur de un Antarctosaurus. En comparación se puede observar el fémur de *Diplodocus*.

Otros saurópodos

Había muchísimos tipos diferentes de saurópodos, pero los que más llaman la atención son los restos de un animal diminuto, encontrados en el sur de la Argentina. Debido a su escaso tamaño, los científicos bautizaron al animalito como *"Mussaurus"* o "reptil ratón".

Se cree que *Mussaurus*, con unos veinte centímetros de largo, podía ser una cría o un ejemplar joven de un dinosaurio más grande. Vivió durante el Triásico, el primer período de la era Mesozoica.

Mussaurus, un antiguo dinosaurio que no alcanzaba el largo de esta hoja.

Un grupo de saurópodos también primitivo es el de los "reptiles ballena" o cetiosaurios, entre los que se incluyen a *Patagosaurus*.

Patagosaurus era un animal grande, con un cuello relativamente largo. Posiblemente alcanzaba los 12 metros de longitud.
Vivió en la Patagonia durante el período Jurásico.

Braquiosaurios

Estos animales son considerados como las más grandes bestias que hayan existido. Tenían varias características que los hacían únicos: por ejemplo, tenían las patas anteriores más largas que las posteriores; el cuello era bastante largo, aunque la cola era corta; la cabeza tenía una cresta en la que desembocaban los orificios nasales y las enormes patas soportaban un cuerpo que se inclinaba hacia atrás: eran las jirafas del Mesozoico.
Algunos de estos dinosaurios llegaron a medir 12 metros de altura y a pesar 100 toneladas.

Antes, los expertos creían que *Brachiosaurus* pasaba su vida en el agua. Pero debido al enorme volumen del animal, la presión del agua habría aplastado sus pulmones.

Patas como las aves

Tal es el nombre de este grupo de dinosaurios: ornitópodos.
Los dinosaurios ornitópodos fueron dinosaurios muy exitosos: ocuparon los ambientes del Cretácico y vivían en regiones que sus parientes lejanos, los saurópodos, no podían ocupar.
Los ornitópodos más primitivos eran de tamaño pequeño y muy veloces; los últimos en aparecer fueron enormes y pesados. A medida que crecían de tamaño, los ornitópodos lentamente fueron cambiando los dientes por un pico córneo parecido al de las aves.

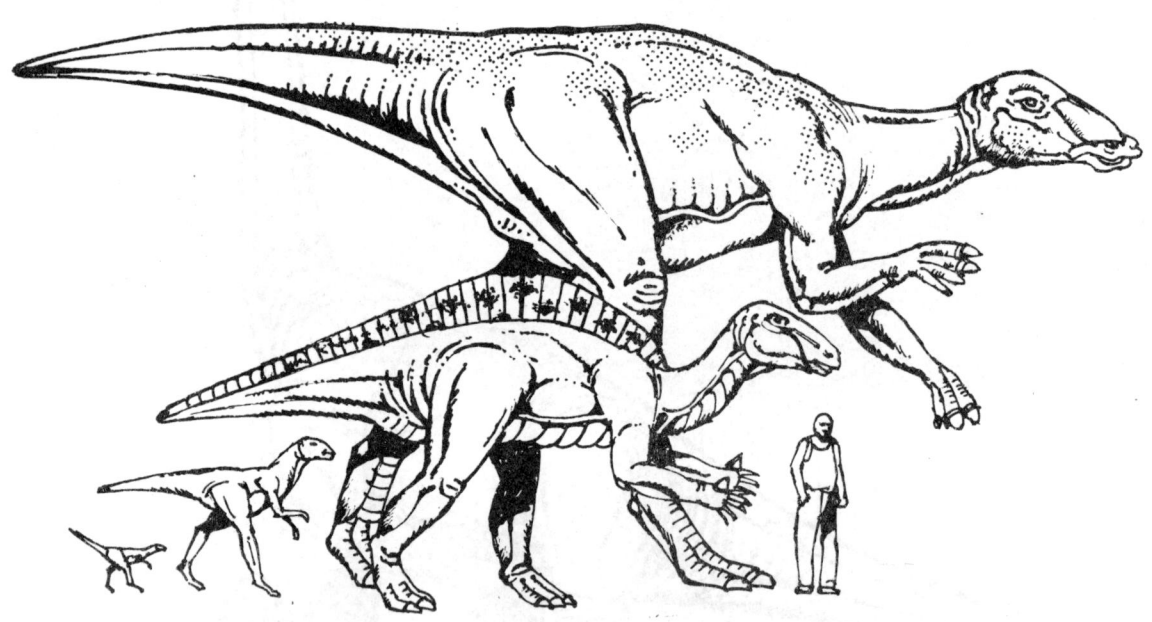

Ornitópodos de todos los tamaños
Vemos aquí a algunos de estos dinosaurios comparados con una persona. Los dinosaurios pequeños son más primitivos que los grandes.

Busca en la cuarta sección del libro: "Cuándo y dónde vivieron los dinosaurios" información sobre los diferentes períodos y épocas en que vivieron los dinosaurios.

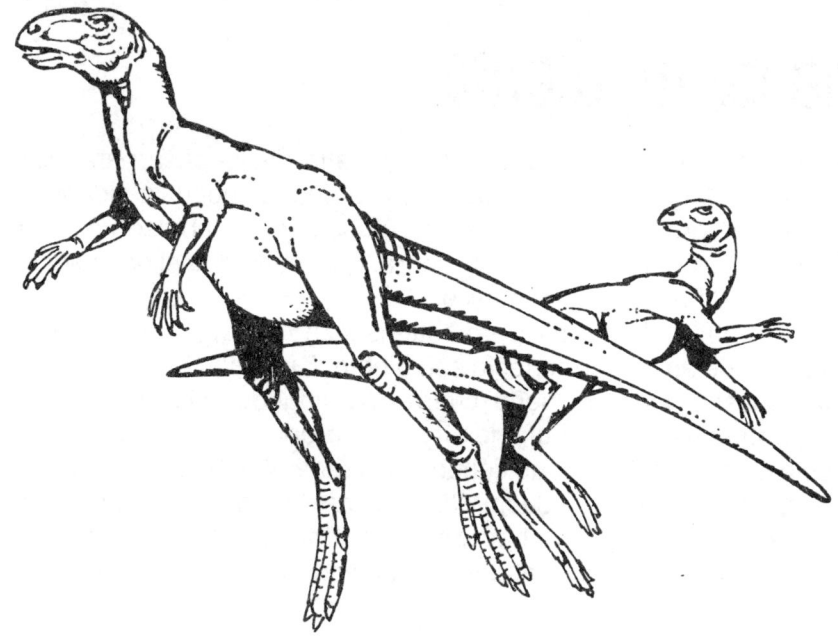

Heterodontosaurus era un pequeño dinosaurio bípedo, con dientes de distinta forma. Algunos dinosaurios cercanos a *Heterodontosaurus* vivieron en América del Sur, como *Pisanosaurus*. Eran pequeños, de no más de un metro o dos de longitud, pero muy veloces.

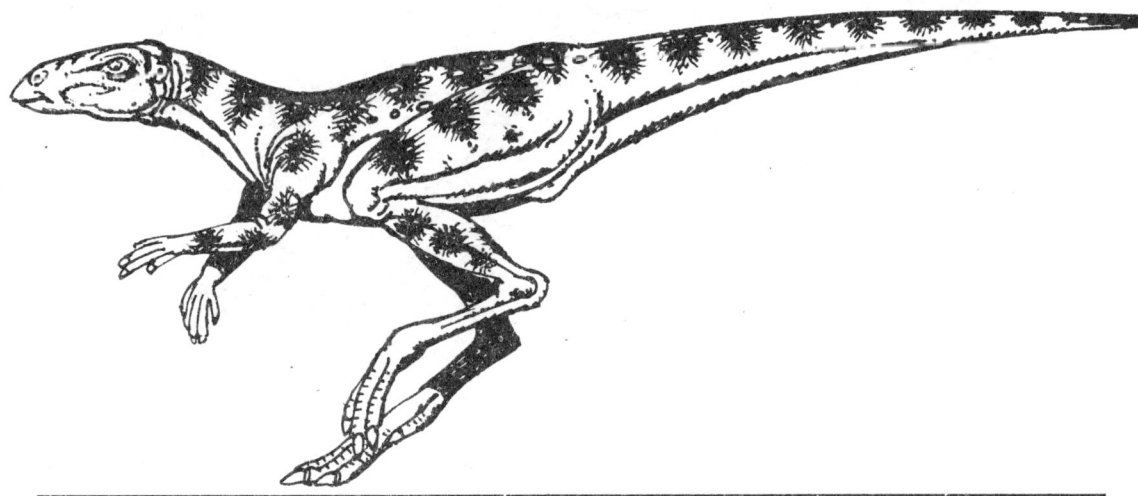

Hypsilophodon y *Loncosaurus* eran dinosaurios muy veloces, que debían correr y saltar como las gacelas actuales. Tenían dientes fuertes, aptos para masticar las hojas duras de las nuevas plantas con flores, que aparecen en el Cretácico. Muchos expertos consideran a estos animales como los dinosaurios de mayor éxito evolutivo.

Historia de un diente

Una mañana de 1822, el doctor Gideon Mantell salía de su casa para visitar a un paciente. Su esposa, Mary Ann, lo acompañaba. Caminando por un sendero rocoso en la campiña inglesa, de pronto, Mary Ann observó que algo brillaba sobre una roca del camino. Al observar más detenidamente la piedra, descubrió que el objeto que brillaba en ella era en realidad un diente gigantesco.

Ambos conocían bastante de fósiles, pero este hallazgo los dejó desconcertados: no podían identificar a qué animal pertenecía ese diente. Días más tarde encontraban en el mismo lugar huesos y un pequeño cuerno puntiagudo. Muy intrigados con el hallazgo, decidieron consultar con un científico de la época, quien les sugirió que el diente se parecía muchísimo a los que tienen las iguanas de América del Sur, aunque aquél era de un tamaño enorme. Gideon Mantell consideró que estaba ante los restos de un animal antes desconocido y lo bautizó *Iguanodon*, que en latín significa "diente de iguana": fue el primer dinosaurio al que se la asignó un nombre especial.

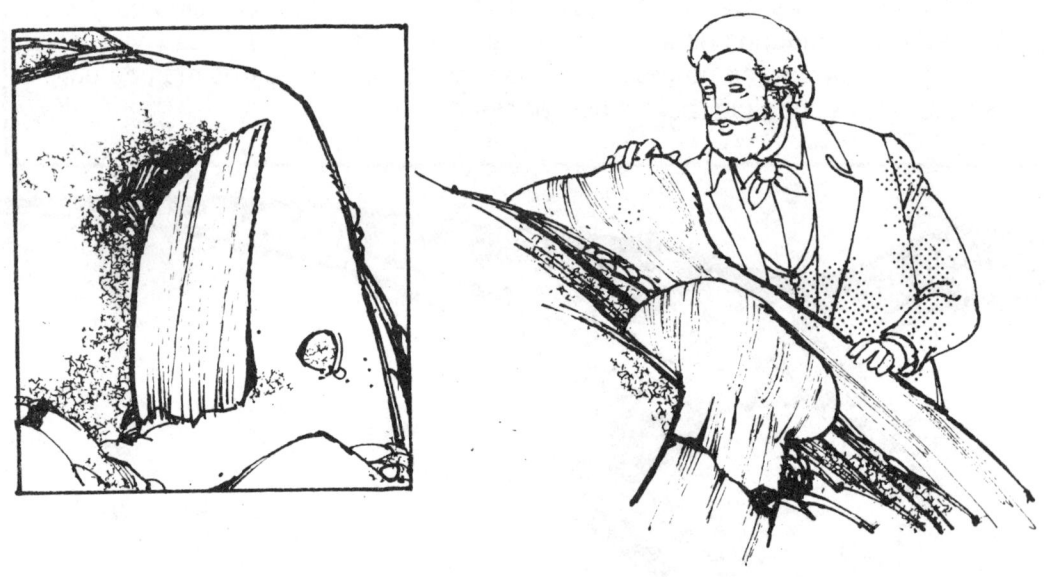

Cincuenta años después, obreros de una mina en Bélgica encontraron los esqueletos de 23 ejemplares completos de *Iguanodon*. Al armar los esqueletos, los científicos descubrieron que los animales medían en promedio unos nueve metros de largo y que caminaban a dos patas. Podían correr más o menos rápido, levantando su cola e inclinándose hacia adelante. No tenían un cuerno en su cabeza, pero sí tenían una garra filosa en cada mano, en el lugar donde nosotros tenemos el dedo pulgar.

El primer dinosaurio bautizado

Iguanodon fue el primer dinosaurio que recibió un nombre propio. Sus esqueletos o huellas han sido hallados en casi todos los continentes. En el Museo de La Plata, en Argentina, hay una réplica de tamaño natural de su esqueleto. Vivió en la parte final de la era Mesozoica, en el período Cretácico.

 # Realicemos Dino-medidas

Puedes tener una idea del tamaño de los dinosaurios construyendo dino-medidas, que se pueden guardar y coleccionar.
Para realizarlas, necesitas los siguientes materiales:
- Cinta métrica
- Hilo sisal (dos o tres ovillos)
- Dos lápices o palitos.
- Dos tarjetas o rectángulos de cartulina de 7 centímetros de largo por cuatro de ancho.
- Tijera y cinta adhesiva.

Sigamos estos pasos:

1) Una iguana actual mide aproximadamente 1,80 metros de largo. Usando la cinta métrica, mide un pedazo de hilo un poco más largo que esa medida y córtalo.

2) Ata uno de los extremos del hilo al lápiz o palito. En el otro extremo pega la tarjeta y escribe en ella: Iguana: 1,80 metros.

3) Repite los pasos 1 y 2 para el Iguanodon ¿Recuerdas cuánto medía?

4) En el patio o en una plaza, extiende los piolines uno al lado del otro. ¿Cuántas iguanas tendrían que tenderse una al lado de otra para igualar el largo de Iguanodon?

5) Puedes realizar otras dino-medidas, buscando en el libro las longitudes de otros dinosaurios. Tendrás de esta manera una colección de dino-medidas, que te serán muy útiles para la próxima actividad.

6) Para guardar tus dino-medidas, enrolla el hilo alrededor del lápiz hasta que llegue a la tarjeta. Colócalas dentro de una caja.

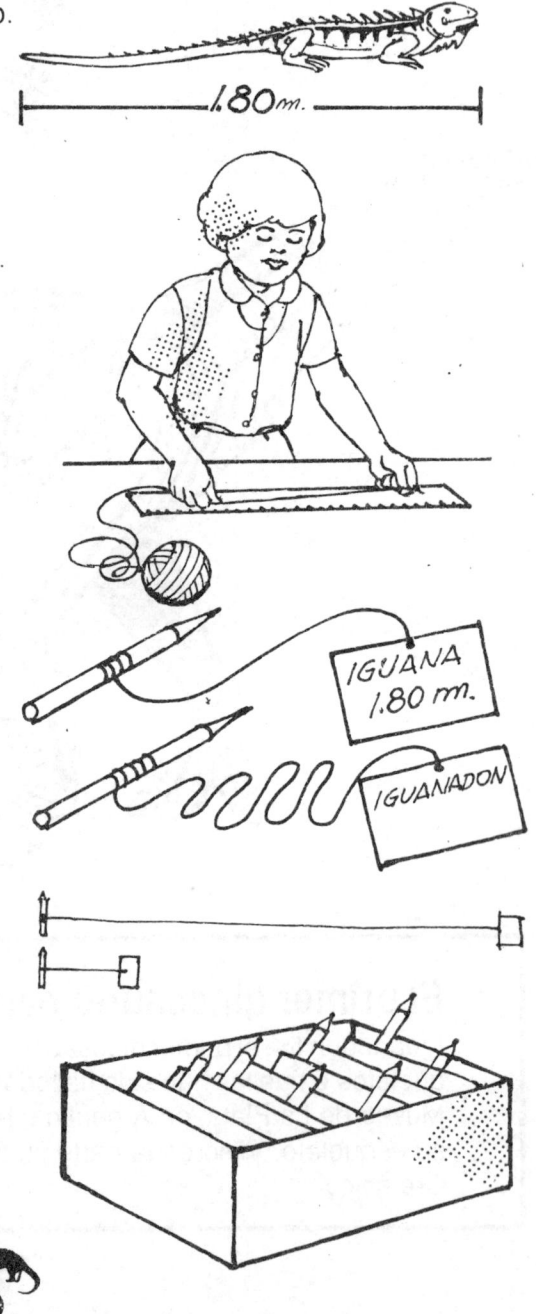

 Graficando nuestras dino-medidas

Los científicos están descubriendo permanentemente nuevos fósiles de dinosaurios, hasta el momento desconocidos. Con cada nuevo dinosaurio descubierto, nuestro conocimiento sobre esos extraños animales aumenta. De cuando en cuando, comprobamos que, hechos que creíamos verdaderos, eran en realidad incorrectos. Por ejemplo, durante muchos años se pensaba que *Brachiosaurus* era el dinosaurio más alto: con un cuerpo que medía seis metros de altura, y un cuello de nueve metros de largo, en total alcanzaban una altura de quince metros.

Sin embargo, recientemente, se encontró en Estados Unidos el omóplato (hueso del hombro) de un dinosaurio, que medía ¡3 metros!. Se estima que la altura del dinosaurio dueño de ese hueso llegaba a ¡20 metros y medio!. Los científicos bautizaron a este nuevo dinosaurio como *Supersaurus*. En América del Sur vivía *Antarctosaurus*, dinosaurio cuadrúpedo que podía haber alcanzado hasta 25 metros de longitud.

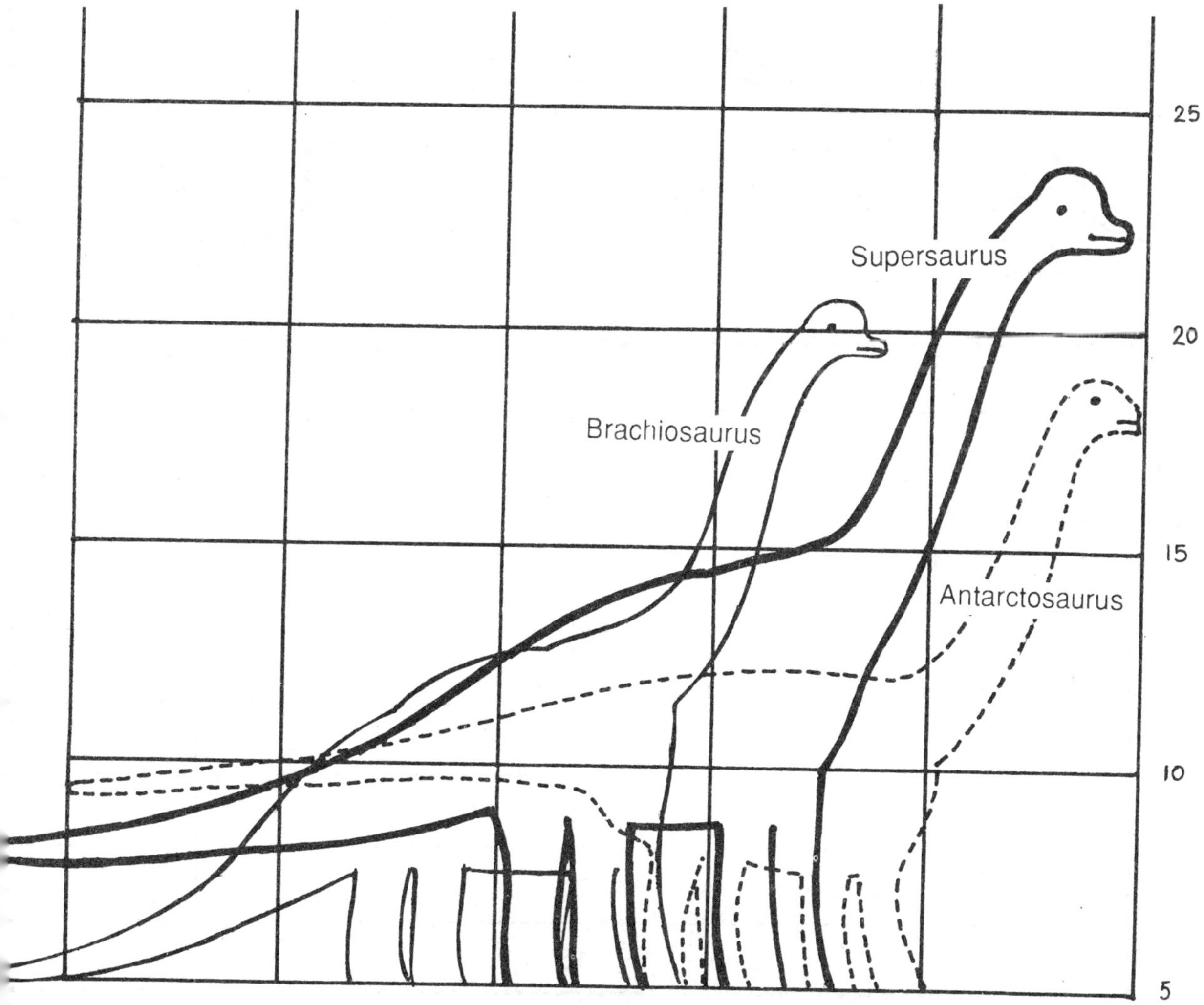

Los dinosaurios más largos y altos

Diplodocus, Ultrasaurus, Supersaurus y *Brachiosaurus* rompen todos los récords de medidas.

Se consideraba que el dinosaurio más largo era el *Diplodocus* con 30 metros de largo. Pero, en 1973, se encontraron los restos de un animal todavía mayor: se calculó que podía medir hasta ¡40 metros!. Este animal fue llamado *Ultrasaurus.*
Hemos visto ya que los dinosaurios más pequeños, como *Compsognathus* no llegaban a tener más de 60 centímetros de largo. Se han descubierto restos de dinosaurios más pequeños, pero se cree que se trata de crías o individuos jóvenes.
Podemos comparar los tamaños de los diferentes dinosaurios utilizando nuestras dinomedidas. Luego graficaremos (graficar significa comunicar datos a través de esquemas o cuadros comparativos) nuestras mediciones. Para ello necesitas:

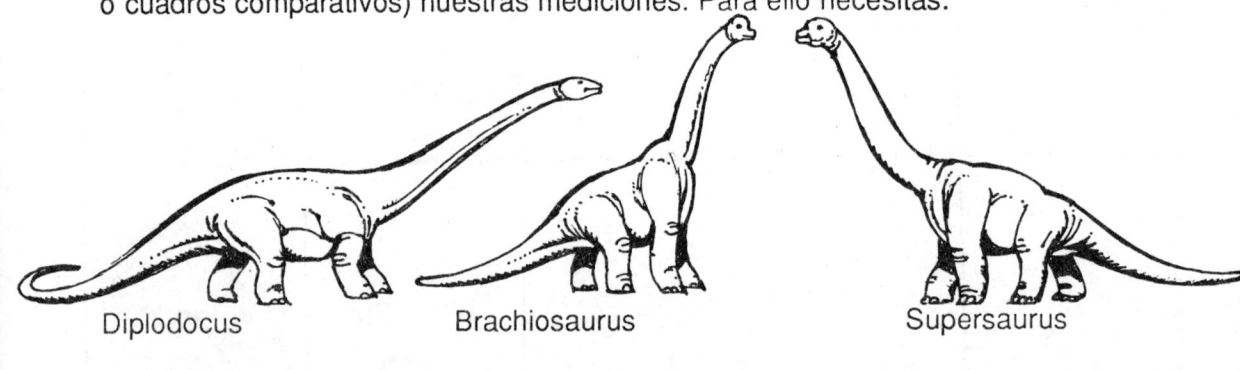

Diplodocus   Brachiosaurus   Supersaurus

IGUANA					
IGUANODON					
TYRANNOSAURUS					
COMPSOGNATHUS					
DIPLODOCUS					
ULTRASAURUS					
ANTARCTOSAURUS					
BRACHIOSAURUS					
METROS	5	10	15	20	25

- Confeccionar dino-medidas para el Brachiosaurio, el Diplodocus, el Supersaurio y Compsognathus.

- Una vez realizadas las dino-medidas debes tender todas sobre un gran espacio, como un parque o la vereda.

- Las ordenas de mayor a menor.

- Completas el gráfico siguiente, registrando todas las dino-medidas. Cada casillero corresponde a tres metros. Pinta la cantidad necesaria de casilleros para cada medida de dinosaurio. Usa un color diferente para cada animal.

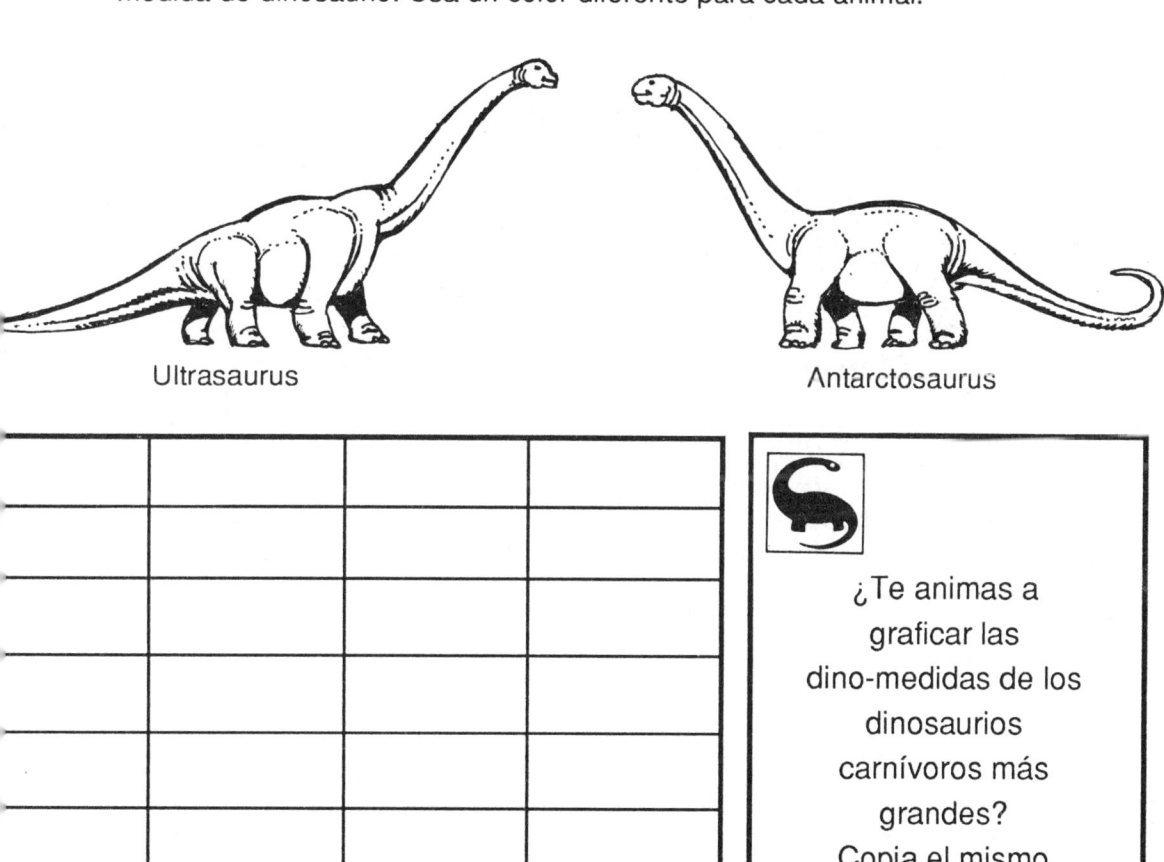

Ultrasaurus   Antarctosaurus

¿Te animas a graficar las dino-medidas de los dinosaurios carnívoros más grandes? Copia el mismo cuadro de esta página y cambia los nombres de los animales.

Dinosaurios pico de pato

El nombre correcto de este grupo de dinosaurios es Hadrosaurios.
Los hadrosaurios eran únicos en varios aspectos:
Ellos tenían un pico chato parecido al de los patos; tenían varias hileras de pequeños dientes fuertes y filosos, que servían para triturar las hojas duras y ramas blandas. No todos los dientes eran usados al mismo tiempo: cuando uno de ellos se desgastaba, se caía y un nuevo diente ocupaba el lugar del anterior.
En uno de estos dinosaurios, el *Anatosaurus*, se encontraron hasta dos mil dientes dispuestos en hileras.

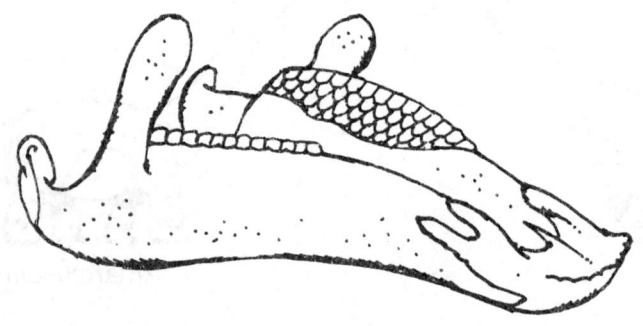

La mandíbula de un hadrosaurio se caracteriza por el pico anterior y por las hileras de dientes pequeños pero fuertes.

Los hadrosaurios tenían fuertes patas traseras con las que caminaban. Las patas anteriores eran más pequeñas. Entre los dedos de las patas había una membrana, similar a la que tienen los patos. Probablemente usarían la cola y las patas palmeadas para poder nadar dentro del agua. Posiblemente pasaran mucho tiempo en lugares húmedos o dentro del agua alimentándose de la vegetación.
Los paleontólogos creen que los dinosaurios pico de pato tenían una vida social similar a la de algunos mamíferos y aves: se reunían en rebaños; cuidaban las crías y construían nidos abrigados.

Cuidando las crías

Uno de los progenitores lleva alimento a las crías recién nacidas dentro del nido. Se comprobó que los hadrosaurios cuidaban sus crías hasta que ellas podían alimentarse por sí solas.

Pastoreo en rebaños

Es muy probable que los hadrosaurios se reunieran en manadas. De esta manera protegían mejor las crías del ataque de los dinosaurios carnívoros.

Varias posturas

Los hadrosaurios podían caminar en dos patas, o en cuatro patas, podían correr o levantarse sobre sus patas traseras para comer las hojas de los árboles.

Crestas muy extrañas

Muchos de los hadrosaurios tenían crestas en sus cabezas. Esas crestas eran diferentes y podían tener varias funciones, pero en todas se encontraban conductos relacionados con la nariz del animal.
Probablemente sirvieran para amplificar sonidos, como los bramidos de cortejo; o, tal vez, servían para reconocerse los machos y las hembras.

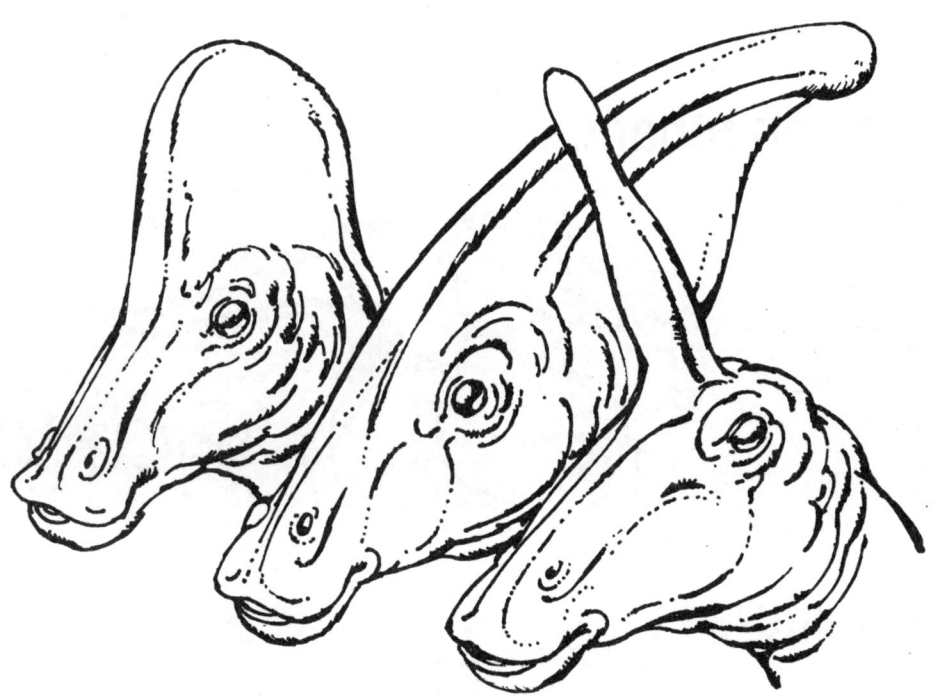

Crestas y dinosaurios muy especiales
Puedes observar algunos de los hadrosaurios con crestas que han sido encontrados en varias partes del mundo: a) *Parasaurolophus;* b) *Corythosaurus;* c) *Tsintaosaurus.*

Defenderse bien

Tal vez, los dinosaurios más conocidos fueran los cuadrúpedos que tenían armadura o armas defensivas como placas, cuernos o espinas. Nombres como ankilosaurio o estegosaurio nos pueden resultar familiares; otros como triceratops no nos parece tan común, pero si observamos un dibujo de este dinosaurio enseguida lo reconocemos. Los dinosaurios que poseían defensas contra sus predadores eran herbívoros que caminaban en cuatro patas. Algunos de ellos podían alcanzar la velocidad de un galope. Otros, cuando se sentían amenazados, simplemente se aplastaban contra el suelo y erizaban su cuerpo de púas afiladas.

Dinosaurios bien protegidos
En escala con el tanque, hemos colocado en fila a algunos de los dinosaurios mejor armados que han existido: a) *Estegosaurus;* b) *Ankilosaurus;* c) *Triceratops.*

Enfrentando al enemigo

Triceratops podía enfrentar a su cazador, *Tiranosaurus*, blandiendo sus cuernos como si fueran espadas. El carnívoro debía cuidarse mucho, pues si era atravesado por uno de los filosos cuernos no tendría ninguna chance de sobrevivir.

Dinosaurios con placas

Los estegosaurios eran dinosaurios bastante extraños. Tenían patas traseras algo más grandes que las delanteras, por lo que a veces, podían pararse sobre sus dos patas posteriores.

El dorso del animal estaba erizado con placas triangulares o espinosas, que los expertos creen que servían para que el animal regulara su temperatura corporal.

En la punta de la cola, había dos pares de formidables púas, que seguramente el animal debía blandir en caso de peligro.

Lo más extraño de estos animales era su cerebro. Un estegosaurio de tamaño mediano podía alcanzar unos 9 metros de largo y pesar casi 2 toneladas, pero su cerebro tenía el tamaño de...¡una nuez!.

Dinosaurios con placas

Stegosaurus (a) y *Kentrosaurus* (b) representan a los dinosaurios de este grupo. Las placas de la espalda podían ser órganos reguladores del calor corporal y no un sistema de defensa.

 # Cerebros y cuerpos

Para que tengas una idea aproximada de la relación que existe entre el cerebro de *Stregosaurus* y su cuerpo, toma una semilla de poroto y colócate frente a un espejo. Ahora coloca la semilla de poroto a la altura de tu frente. Compara el tamaño de tu cuerpo con el de la semilla. ¿Podrías realizar todas tus actividades con un cerebro de ese tamaño? ¿Cómo haría *Stegosaurus* para moverse y buscar comida?

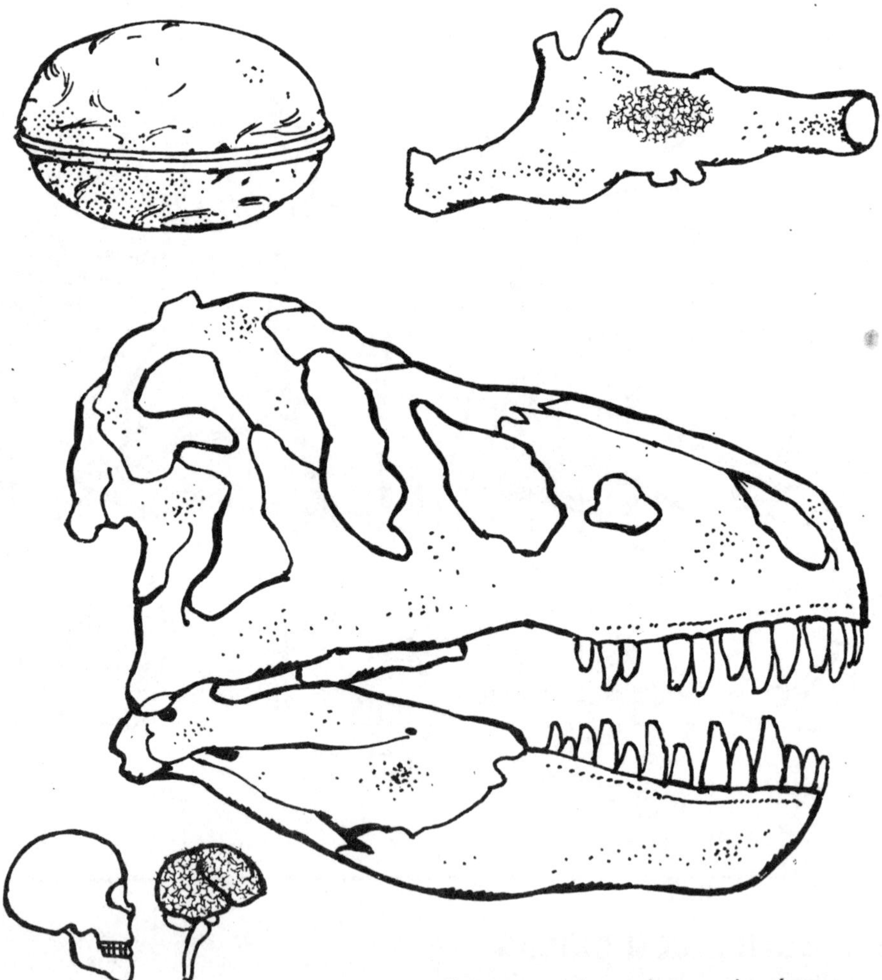

Compara el cerebro y el cráneo de Tiranosaurus con el del hombre.

Tanques prehistóricos

Los ankilosaurios fueron verdaderos tanques prehistóricos. Los más pequeños conocidos medían algo más de dos metros de largo; los más grandes tenían el largo de un vagón de ferrocarril.
Estaban protegidos por una armadura articulada, con púas y placas ubicadas sobre una piel dura.
A pesar de estar tan bien protegidos, los ankilosaurios tenían dientes débiles y seguramente se alimentaban de brotes de plantas.
Entre estos animales figura un ejemplar recientemente descubierto en la Antártida y es el primer dinosaurio conocido de ese continente.

Dos tanques comparados

Uno de ellos es moderno y creado por el hombre; el otro era autosuficiente y creado por la Naturaleza. Observa las características más sobresalientes de este ankilosaurio:
1) Tamaño enorme
2) La cabeza estaba protegida por una placa con espinas
3) Los ojos eran muy pequeños y el hocico era ancho, terminado en un pico córneo.
4) Placas de huesos y bandas córneas por todo el cuerpo.
5) La cola terminaba en una maza que podía moverse.

Terribles mazazos

Cuando eran atacados por un dinosaurio carnívoro, los ankilosaurios podían repartir terribles mazazos que rompían los huesos de sus enemigos.

Dieta restringida

Como tenían dientes débiles y un pico córneo no muy duro, los ankilosaurios debieron alimentarse de hojas y brotes tiernos, que crecían a ras del piso.

Dinosaurios con cuernos

La palabra *Triceratops* quiere decir "cara con tres cuernos". Este dinosaurio poseía en su cabeza tres agudos cuernos, uno pequeño sobre el hocico, y dos largos y filosos sobre cada ojo, de casi un metro de longitud cada uno. *Triceratops* podía usar sus cuernos para "ensartar" a sus enemigos, pero también podrían haber simulado combates entre machos rivales durante la época de apareamiento.
El cráneo de este animal se prolongaba por encima del cuello, protegiéndolo de los mordiscos que podía dar Tiranosaurus.
La boca terminaba en un pico parecido al de los loros.

Rasgos de un dinosaurio con cuernos

a) Cuerpo macizo, que recuerda al de los rinocerontes
b) Cabeza grande, con uno o más cuernos agudos.
c) El cuello estaba protegido por una expansión del cráneo.
d) Cola corta.
e) Patas robustas; las posteriores eran más grandes que las anteriores y terminadas en dedos con uñas.

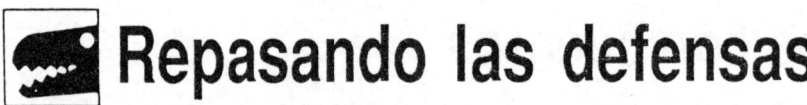 # Repasando las defensas

Para tener una idea general de las defensas de los herbívoros, intenta completar el siguiente cuadro:

1) Lee detenidamente los mecansimos de defensa escritos en la columna horizontal.

2) Lee ahora el nombre de cada dinosaurio. Marca con una cruz o pinta con un color diferente el recuadro que consideres que corresponde a cada animal.

3) Busca en el libro los sistemas de defensa de otros dinosaurios. ¿Cuál de todos los animales que has visto consideras que está mejor protegido? ¿Cuál es el menos protegido?

Defensas de los Dinosaurios

	Espinas / vivir en manadas	esconderse en el agua	armadura	placas	cuernos
DIPLODOCUS					
BRACHIOSAURUS					
HADROSAURUS					
ANKYLOSAURUS					
STEGOSAURUS					
TRICERATOPS					

Cuándo y dónde vivieron

Cuando el mar no existía, hace unos doscientos millones de años, América del Sur y Africa estaban unidas y encajaban perfectamente entre sí. ¿Cómo es posible saber cómo era la Tierra durante el dominio de los dinosaurios?
Los científicos encontraron la respuesta a esta pregunta.

Cuándo comenzó la vida en nuestro planeta

Nadie sabe con seguridad cuándo comenzó la vida en nuestro planeta. Antiguamente, los sabios pensaban que la Tierra se había formado solamente hace unos 6.000 años atrás. Hoy, los científicos están más o menos de acuerdo en que el planeta se formó hace entre 5.000 y 4.500 ¡millones de años!

Es muy difícil imaginar un período de tiempo tan largo, pero, podemos darnos una idea aproximada del mismo, construyendo un "almanaque gigante", que nos sirva también para saber cómo fue lentamente evolucionando la vida sobre la Tierra:

 Construcción de un superalmanaque

Para ello necesitas:

- Una cinta de papel de máquina de calcular, de unos 5 metros de longitud y aproximadamente 5 centímetros de ancho. Si no dispones de tal cinta, puedes construirla pegando entre sí segmentos más pequeños.
- Cinta métrica.
- Lápiz y marcadores o lápices de colores.
- Regla o escuadra.

Sigue estos pasos:

1) Extiende la cinta. Con el lápiz traza cinco líneas, separadas una de otra por un metro de distancia.

2) En la primera marca, escribe: mil millones de años atrás; en la segunda, "dos mil millones de años atrás", y así sucesivamente, hasta llegar a la última línea, en donde escribirás "cinco mil millones de años atrás".

3) Lee detenidamente las siguientes páginas del libro para completar la información del superalmanaque, correspondiente a los primeros mil millones de años de nuestro planeta.

4) Puedes agregar pequeños dibujos con título, para indicar los acontecimientos más importantes en la historia de la vida, como la aparición de los dinosaurios, las primeras plantas con flores, la aparición de los mamíferos, los primeros seres humanos, el presente, etc. De esta manera, nuestro "superalmanaque" ya está listo para usar.

 # Cómo proteger tu superalmanaque

Después de haber construido el almanaque, puedes guardarlo en una caja especial, que te facilitará el transporte y evitará roturas del mismo.
Para ello necesitas:

- Un envase de cartón en desuso. Los envases de leche son los más apropiados.
- Un lápiz o palito de dimensiones parecidas.
- Tijera y cinta adhesiva o pegamento.

1) Corta la parte superior del envase de cartón, dejando aproximadamente 10 centímetros de altura para cada una de las caras.

2) Perforas dos agujeros, cada uno en el centro de una de las caras del cartón, de manera que pueda pasar un lápiz por ellos.

3) El lápiz funcionará como eje que mantendrá tu almanaque en su posición.

4) Corta una ranura en una tercera cara del cartón, un poco más larga que el ancho de la cinta.

5) Coloca el lápiz en su lugar. Luego pega al mismo el extremo de la cinta que indica "cinco mil millones de años atrás" (que corresponde al comienzo de la historia de la tierra). Gira el lápiz hasta que toda la cinta esté enrollada. Para usar el superalmanaque, haz pasar la cinta por la ranura y tira de ella cuidadosamente.

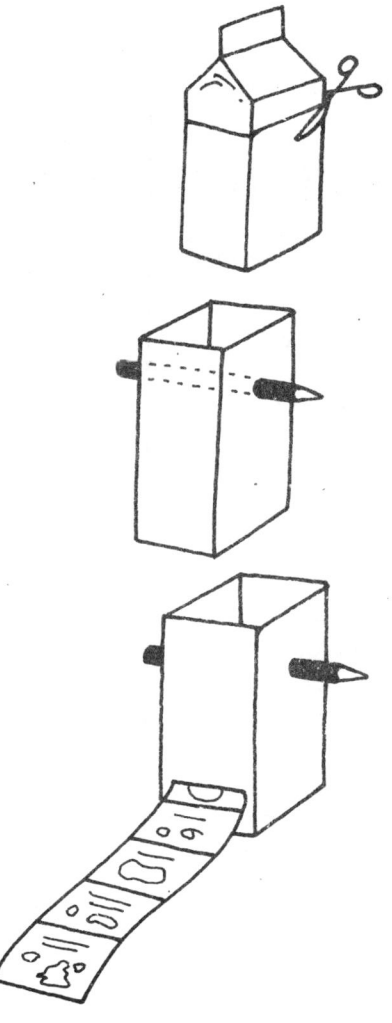

Cuándo vivieron los dinosaurios

La historia de nuestro Planeta se divide en largos bloques de tiempo llamados eras:
- **Era Cenozoica:** desde hace unos 65 millones de años hasta el presente.

- **Era Mesozoica:** entre 225 millones de años y 65 millones de años antes del presente.

- **Era Paleozoica:** entre 600 millones y 225 millones de años antes del presente.

    Antes de la Era Paleozoica existió un bloque de tiempo muy extenso llamado *Tiempo Precámbrico*, que se extiende desde el comienzo de

Investigando en los libros

Como puedes ver, el cuadro no está completo: falta completar varios casilleros, los que corresponden a las épocas o períodos de las eras Cenozoica y Paleozoica.
Para que el mismo esté completo, busca en una enciclopedia sobre el tema *Edades de la Tierra o Geología*, y anota los nombres faltantes en el casillero correspondiente. Puedes pintar con diferentes colores cada una de las eras; aprovecha la información obtenida para completar tu superalmanaque:

ERA	PERIODO	DURACION
CUATERNARIA		Desde los dos mill...
CENOZOICA Desde 65 millones de años hasta hace dos millones de años Aparecen las plantas con flores	Holoceno	
	Pleistoceno	
	Eoceno	
	Paleoceno	
MESOZOICA Desde 225 hasta 65 millones de años atrás.	Cretácica	69 millones de años
	Jurásico	50 millones de años
	Triásico	45 millones de años
PALEOZOICA Animales solamente acuáticos, trilobites Desde hace 600 millones de años hasta hace 225 millones de años atrás	Pérmico	
	Cámbrico	
PRECÁMBRICA Antes de 600 milones de años		

nuestro planeta, hace unos cuatro mil millones de años, hasta el comienzo de la era paleozoica, hace uno 600 millones de años.

Todos los dinosaurios aparecieron, vivieron y murieron durante la era mesozoica, llamada también era de los reptiles.

Cada era se divide en pequeños bloques de tiempo denominados *épocas o períodos*: Observa atentamente el cuadro. En él se representan los animales más importantes de cada era y los sucesos que marcaron la historia de nuestro planeta:

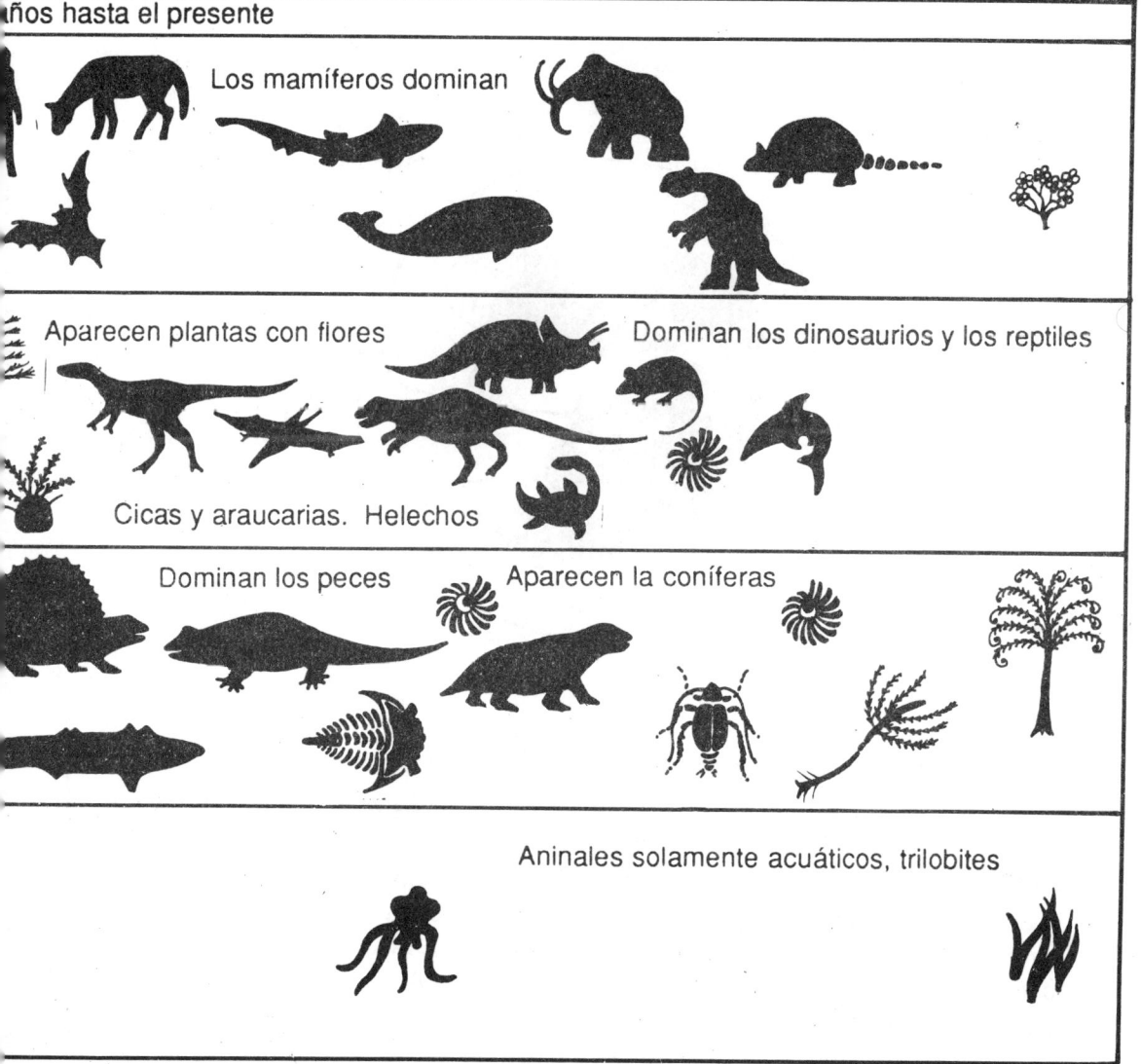

Cómo era la Tierra en el Mesozoico

A lo largo de la Era Mesozoica, la Tierra sufrió cambios muy importantes: durante el primer período de esta era, el Triásico, el mundo era completamente diferente al de hoy. Todos los continentes estaban unidos entre sí, formando un supercontinente único, llamado *Pangea*.

Sin embargo, la unión duró poco tiempo. Al finalizar este período, los continentes comenzaron a separarse lentamente. En el Jurásico, el período siguiente, existían solamente dos grandes continentes: uno al sur del Ecuador, llamado *Gondwana* y que estaba formado por América del Sur, África, Antártida, Australia y la...¡India!. Al norte del Ecuador, existía otro gran continente, llamado *Laurasia*, constituido por América del Norte, Europa, Asia (sin la India) y Groenlandia.

Durante el Cretácico, el último periodo de la era Mesozoica, los continentes se separaron unos de otros y la Tierra comenzó lentamente a tener el aspecto que tiene ahora.

 La idea de que los continentes se mueven es relativamente nueva y se llama Teoría de la Deriva Continental. Los científicos consideran que los continentes son como balsas que flotan moviéndose sobre el magma (rocas líquidas) del interior del Planeta. No es posible detectar sus movimientos, pues son muy pequeños, sin embargo, al chocar un continente contra otro (o con una porción de fondo marino) se producen a veces terremotos con dramáticas consecuencias.

Mapa del Mesozoico

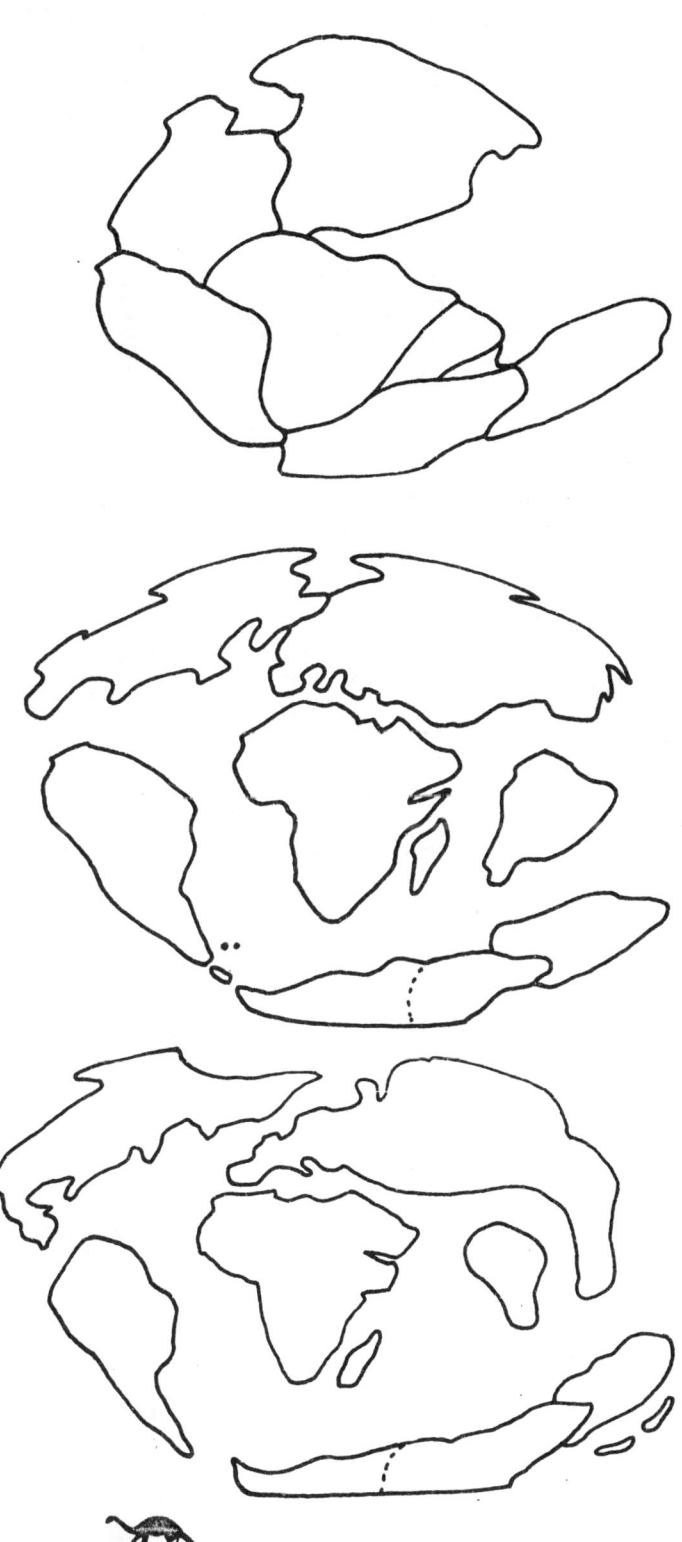

Hace 300 millones de años

Hace 200 millones de años

Hace 50 millones de años

El Triásico

El primero y el más corto de los tres periodos de la Era Mesozoica se llama Triásico. Duró unos 45 millones de años. Durante este período, la temperatura era permanentemente cálida. Helechos, arbóreos, cycas y las primeras coníferas abundaban en los continentes, pero aún no habían aparecido las plantas con flores.
En el mar podían verse reptiles parecidos a delfines, los ictiosaurios y los grandes

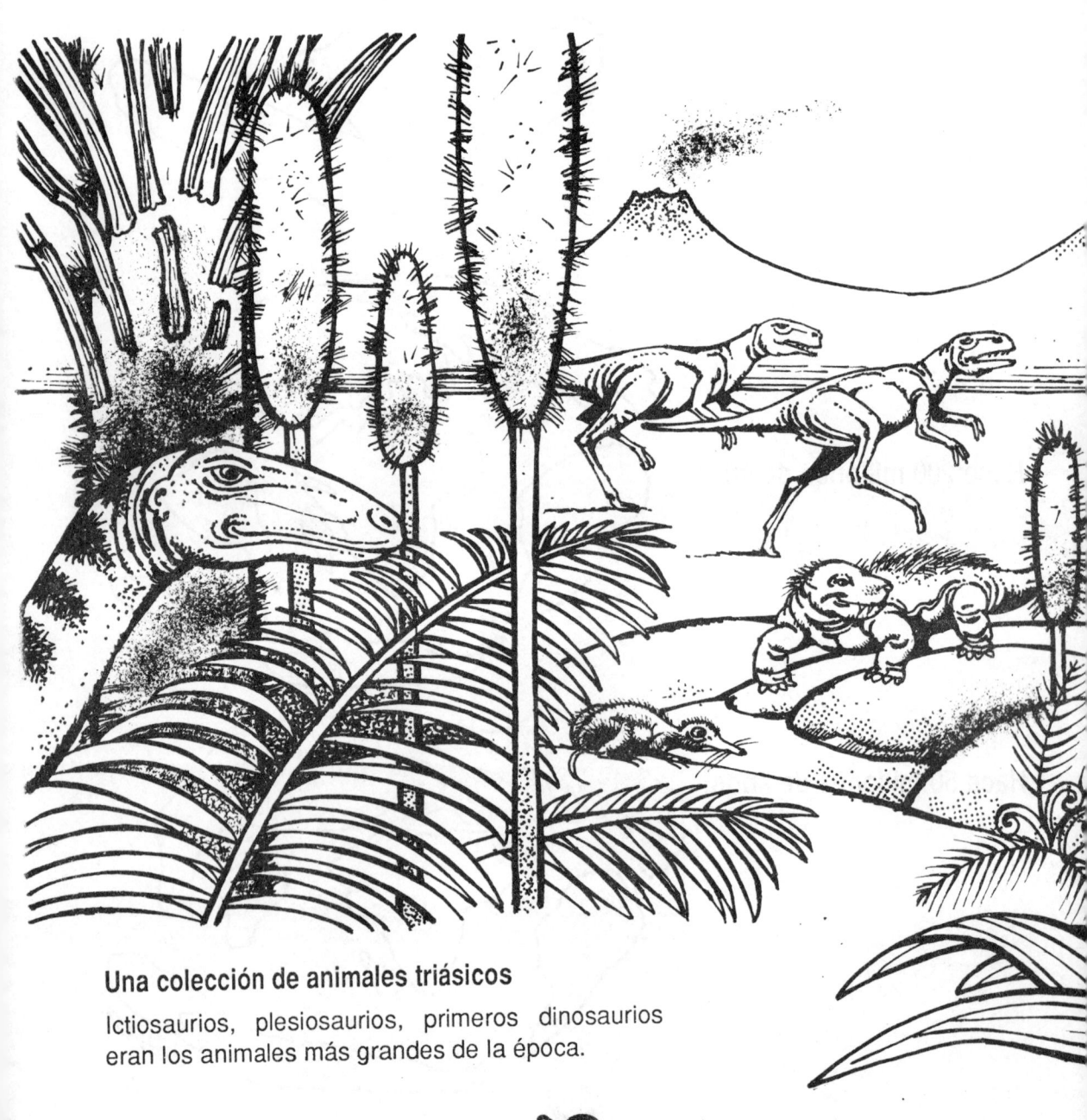

Una colección de animales triásicos

Ictiosaurios, plesiosaurios, primeros dinosaurios eran los animales más grandes de la época.

plesiosaurios. En tierra firme los dinosaurios comenzaban su carrera por el dominio del planeta.

Un grupo primitivo de reptiles, llamado mamiferoides, estaba silenciosamente evolucionando hacia los primeros mamíferos, que no aparecen sino hasta el siguiente período, el Jurásico.

El Jurásico

Es el segundo período de la Era Mesozoica. Duró unos 50 millones de años. El clima era cálido y húmedo. Los pinos y otras coníferas eran las plantas dominantes. Aparecen en este período las primeras aves y los primeros mamíferos. Los dinosaurios más grandes vivieron en el Jurásico, como Brachiosaurus, Diplodocus, Stegosaurus.

Una colección del Jurásico
Grandes dinosaurios, pterosaurios y aves voladoras, los primeros mamíferos y plesiosaurios compartían el mundo.

Los dinosaurios carnívoros más grandes estaban representados por animales como *Allosaurus*.

En el mar los plesiosaurios eran muy abundantes, pero los ictiosaurios empiezan a ser escasos. También en esta época aparecen los primeros reptiles voladores, los pterosaurios.

Parecidas, pero diferentes

Un helecho arborescente, una cica y una palmera parecen plantas iguales, pero son completamente diferentes: las cicas son parientes de los pinos y araucarias, y las palmeras aparecen mucho más tarde, en la era de los mamíferos.

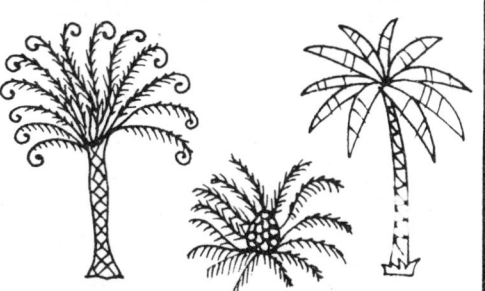

El Cretácico

Es el último y más largo de los tres períodos de la Era Mesozoica. En América del Sur, comienza a formarse la cordillera de los Andes, y África se separa de América. En algunas partes del planeta el clima era desértico. Aparecen las plantas con flores. Los mamíferos y las aves lentamente siguen creciendo. Los dinosaurios de esta época

Una colección del cretácico
Tiranosaurio, triceratops, picos de pato y ankilosaurios eran los dinosaurios más conocidos; mosasaurios y plesiosaurios vivían en el mar; los pterosaurios eran más grandes y las aves y pequeños mamíferos continuaban su lenta carrera por sobrevivir.

están representados por *Tyrannosaurus*, *Triceratops*, Dinosaurios pico de pato y ankilosaurios.
En los mares se extinguían (antes que terminara la era mesozoica) los ictiosaurios. Los plesiosaurios debían luchar contra enormes lagartos marinos, llamados mosasaurios.

Comida fresca y nueva

Árboles como el roble, el coihue, la magnolia y el álamo aparecen en este período. Toda la vegetación se revolucionaba: aparecían las primeras flores y las primeras praderas de pasto.

 # Vamos a construir mapas del Mesozoico

Los científicos necesitan saber cómo estaban unidos los continentes entre sí, pues de esta manera descubren datos muy importantes que ayudan a comprender mejor la historia de los dinosaurios. Para realizar estos mapas necesitas los siguientes materiales:

- Cartulina blanca
- Hojas blancas tamaño oficio (4)
- Lápiz negro y marcadores o lápices de colores.
- Pegamento y tijera
- Papel carbónico o de calcar (4 hojas)
- Mapa del mundo (planisferio)

Cómo se construyen los mapas:

1) Pega sobre la cartulina el planisferio.

2) Recorta cuidadosamente los continentes con la tijera. Separa la India de Asia (puedes guiarte consultando un atlas)

3) Una vez que has cortado todos los continentes, intenta unirlos formando una única masa de tierra (No importa si no encajan perfectamente). Guíate por los mapas del libro.

4) Coloca una hoja de calcar sobre la figura formada por los continentes y calca los contornos generales: has confeccioando así el mapa de *Pangea*. Pega la hoja de calcar sobre la hoja blanca y pinta cada continente con un color diferente. Escribe en la parte superior: "Pangea" - Período Triásico - Era Mesozoica.

5) Ahora separa los continentes y trata de unir América del Sur, Antártida, África, Australia y la India en un único bloque. Repite el procedimiento anterior. En la hoja blanca escribe: "Gondwana" - Período Jurásico - Era Mesozoica.

6) Realiza lo mismo con los otros continentes, uniendo América del Norte, Europa, Asia y Groenlandia en un solo bloque. Calca y escribe en la hoja blanca: "Laurasia" Período Jurásico - Era Mesozoica.

7) Puedes colocar los mapas realizados en una carpeta, o pegarlos en tu cuarto.

Dinosaurios en sudamérica

En América del Sur y, especialmente en la Argentina, se han estado encontrando numerosos esqueletos fósiles de dinosaurios. Los científicos creen que es posible que América del Sur haya sido el punto de origen de todos los dinosaurios, ya que los más antiguos han sido encontrados en rocas del sur de Brasil y del oeste de Argentina. Recientemente, científicos argentinos encontraron restos muy rotos de un dinosaurio con armadura en el sector antártico argentino, y continuamente siguen apareciendo esqueletos inéditos de dinosaurios.

Los mapas que siguen nos dan una idea aproximada de todos los dinosaurios que han habitado el suelo de la Argentina y de América del Sur:

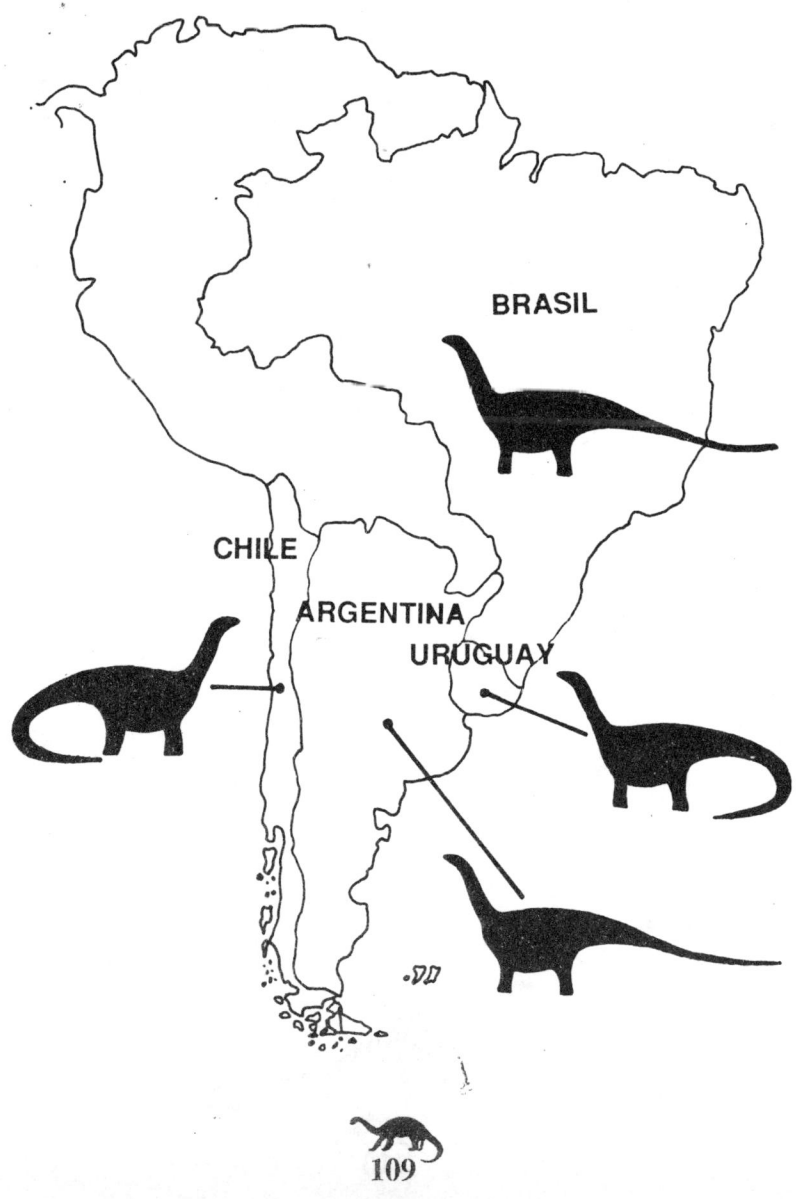

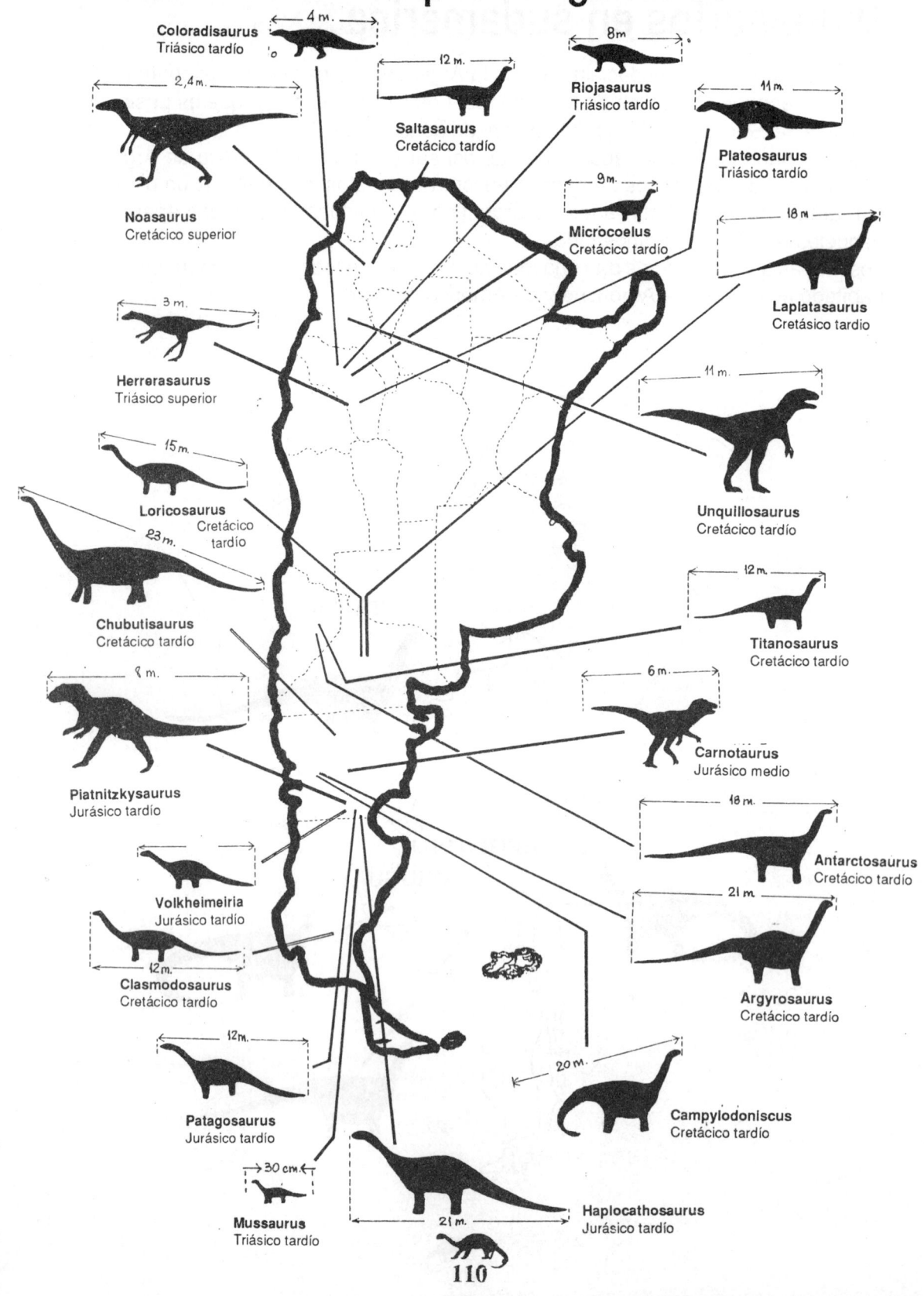

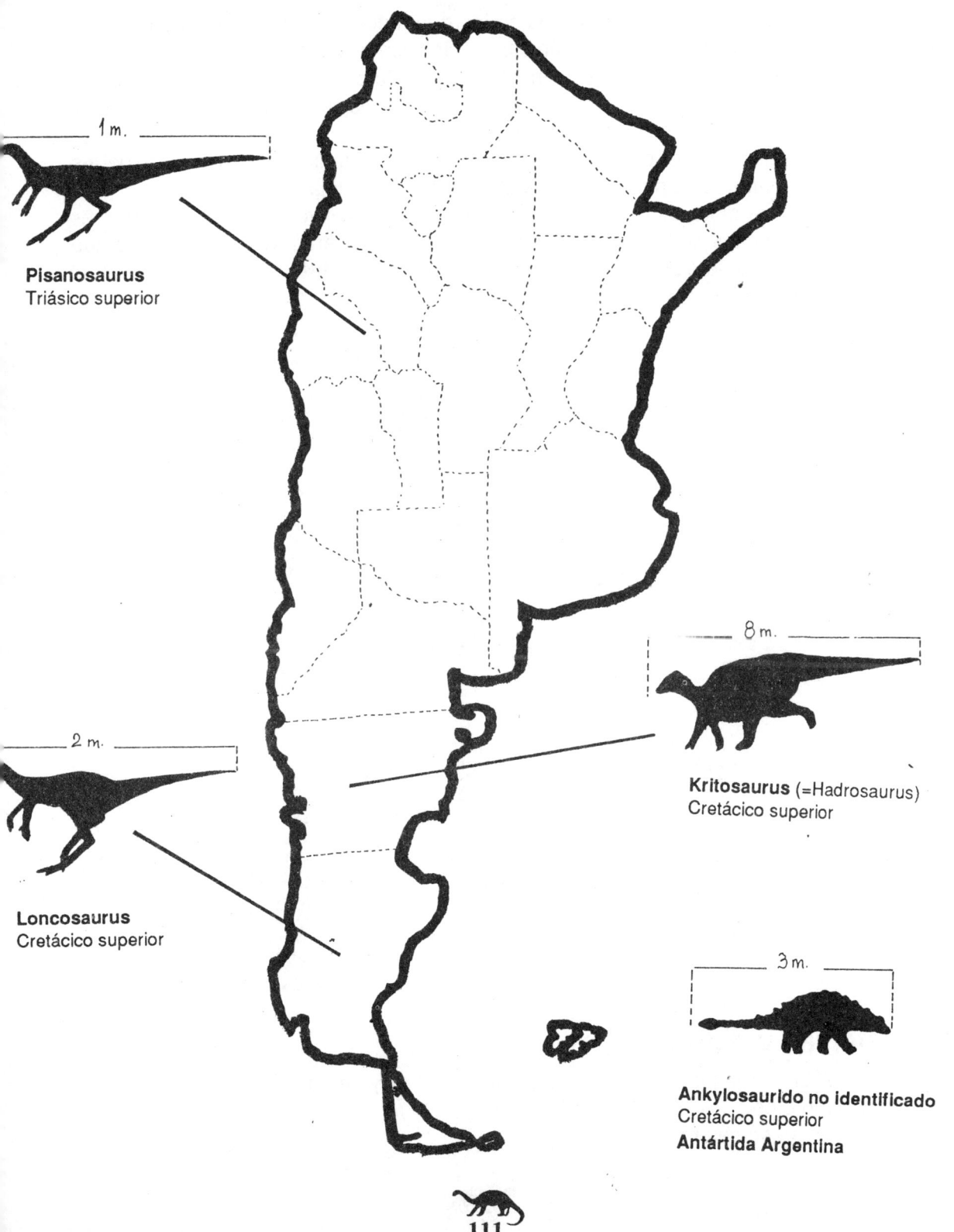

¿Dinosaurios con plumas?

Durante mucho tiempo, los científicos creían que todos los dinosaurios murieron sin dejar descendientes. Hoy, ellos están convencidos de que compartimos el mundo con los descendientes de aquellos extraños seres. Pero estos "tataranietos" de los dinosaurios no son criaturas enormes ni terroríficas; antes bien, muchas de ellas figuran entre los animales más hermosos: las aves.

¿Cómo es posible creer que las aves descienden de los dinosaurios? Los expertos encuentran entre estos animales y aquéllas muchas semejanzas.

Varios tipos de dinosaurio tenían patas parecidas a las aves, aunque mucho más largas. Los huesos de la cadera de muchos dinosaurios eran semejantes a los que tienen las aves. ¿Será posible entonces que las aves sean descendientes en miniatura de aquellos dinosaurios?

Palomas y dinosaurios

Aquí se comparan los cuerpos de una paloma actual y de un dinosaurio bípedo.
¿Encuentras semejanzas?

Uno de los dinosaurios más pequeños que ya conocemos, *Compsognathus*, del tamaño de un gallo. Compsognathus caminaba en sus dos patas traseras, levantando su cola del suelo. Tenía dedos con garras, una larga cola y dientes. Definitivamente era un dinosaurio, no un ave.

Pero otro animal encontrado en rocas de la misma época de los dinosaurios tiene rasgos muy especiales: se llamó *Arqueopterix* (ave arcaica) y tenía el mismo tamaño que Compsognathus, con dienes, dedos con garras y larga cola. Sin embargo, Arqueopterix poseía algo que nunca tuvo Compsognathus: un cuerpo cubierto de plumas. Las plumas son exclusivas de las aves. *Arqueopterix* podría haber sido el "eslabón perdido" entre los dinosaurios y las aves. Muy probablemente planeara de trecho en trecho, y es difícil que haya podido volar. Debió usar sus garras para atrapar grandes insectos a la carrera. Para la época en que los dinosaurios desaparecieron, sólo había unos cuantos tipos diferentes de aves. Hoy, son cientos las especies diferentes.

¿Dinosaurio o ave?
Arqueopterix persiguiento a un insecto.
Es considerado el "eslabón perdido" entre los dinosaurios y las aves.

El final

Hace unos 70 millones de años, los dinosaurios dominaban el mundo: eran los amos indiscutidos de los continentes y estaban bien adaptados a la vida de la época. Cinco millones de años más tarde no quedaba ni un solo dinosaurio vivo...¿Cuál pudo haber sido la causa de esta desaparición más o menos repentina?.

Antes de esa época, había enormes animales de más de 40 metros de largo; luego, sólo quedaron animales de tamaño mediano a pequeño. Junto con los dinosaurios también desaparecieron los grandes reptiles marinos, los plesiosaurios, los reptiles voladores (pterosaurios) y muchos otros animales. Ante este hecho, los científicos han propuesto diferentes teorías para explicar la extinción de los dinosaurios. Cada una de ellas puede abrir nuevos interrogantes. Aquí te las presentamos en forma de historieta: tú puedes elegir la que consideres más acertada y colocarla en el casillero correspondiente de la tira ubicada en la página siguiente. El mundo de los dinosaurios desapareció hace 65 millones de años. Esperamos que tu curiosidad sobre el tema y tus ganas de saber más sobre estas criaturas haya crecido mucho más:

1- Un meteorito de unos dos kilómetros de diámetro cayó sobre la Tierra produciendo una nube de polvo que recalentó la tierra (efecto invernadero) y luego impidió que las plantas produjeran alimento para los herbívoros. Al morirse los herbívoros, los carnívoros no tuvieron qué comer y murieron también.

2- El clima terrestre se fue haciendo lentamente más frío y los dinosaurios no pudieron adaptarse a las nuevas condiciones climáticas.

3- Las nuevas plantas con flores eran venenosas para los herbívoros y murieron intoxicados, arrastrando a los carnívoros a morirse de hambre.

4- Los pequeños mamíferos se comieron todos los huevos de los dinosaurios. Al no haber crías, los dinosaurios se extinguieron.

5- Erupciones volcánicas intensas produjeron emanaciones nocivas y nubes de ceniza oscurecieron el planeta por un tiempo prolongado, bloqueando la fotosíntesis de las plantas.

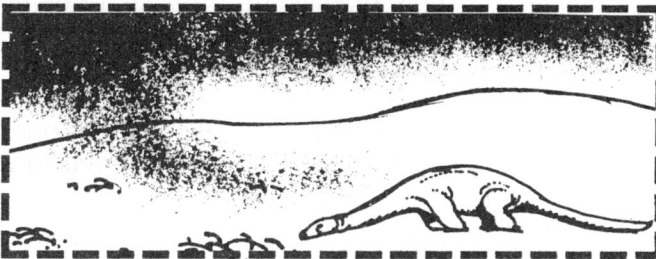

 ## Elige tu propia teoría

Elige de entre las teorías presentadas la que consideres correcta o que explique mejor la desaparición de los dinosaurios, recórtala y pégala en los casilleros en blanco. ¿Te animás a proponer tu propia teoría sobre este drama prehistórico?

Cómo hacer la maqueta

En las páginas centrales a color del libro tienes el escenario para poder armar dos maquetas del período Jurásico de la Era Mesozoica y el otro del período Cretácico de la misma era. Sólo tienes que recortar el escenario y pegarlo sobre una cartulina. Una vez seco, dobla la maqueta como se indica en la figura (1).

Busca los dinosaurios que correspondan a cada escenario. Sólo recorta aquellos que pertenecen al mismo. Pégalos en cartulina. Cuando estén secos, recórtalos dejando en la base una lengüeta para que puedas doblarla y sirva de apoyo en la maqueta (guíate por la figura 2)

Arma la maqueta en un lugar adecuado. Puedes hacer carteles con el nombre de cada dinosaurio, qué comían y qué tamaño tenían (figura 3).

Móvil Dinosaurios

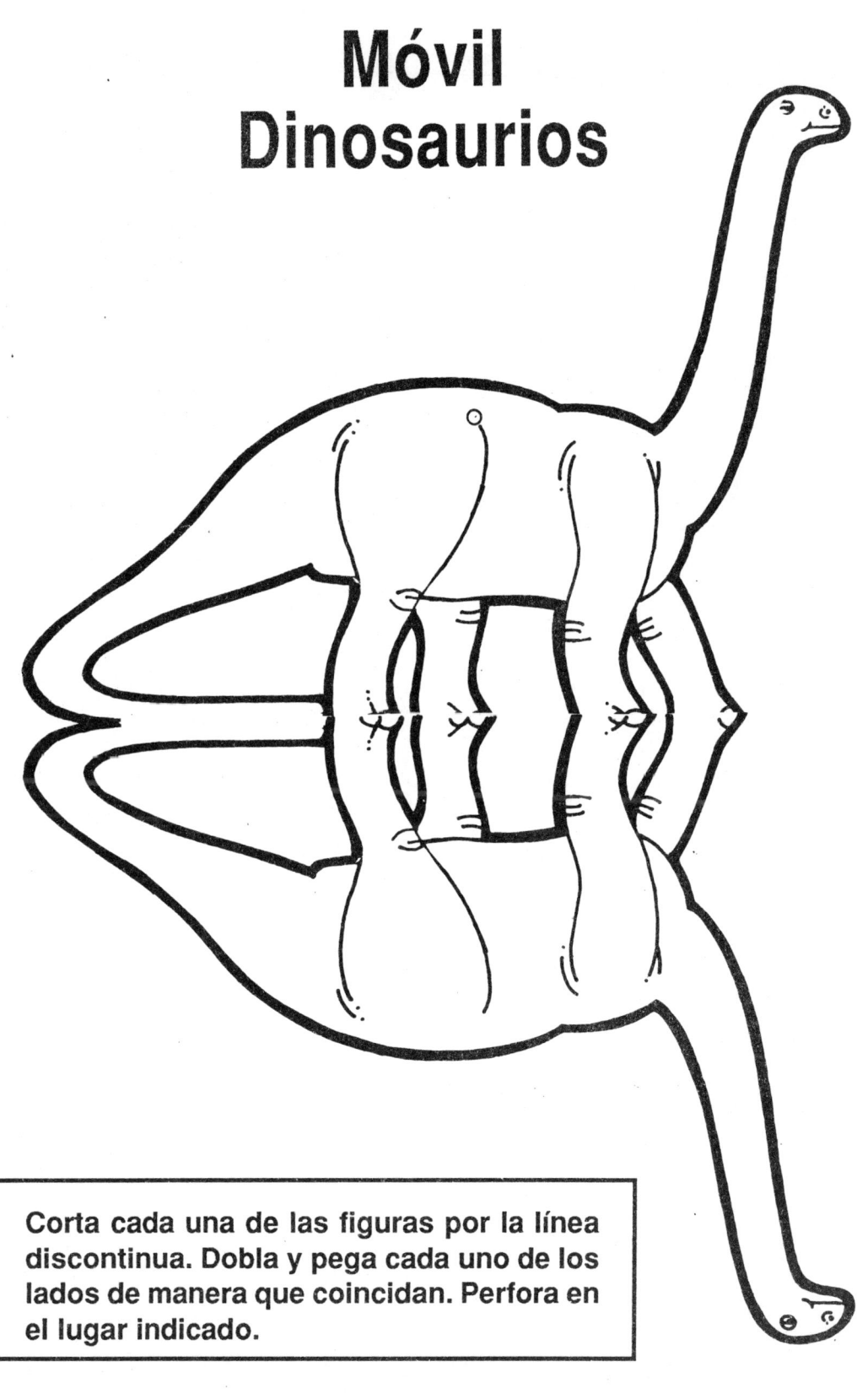

Corta cada una de las figuras por la línea discontinua. Dobla y pega cada uno de los lados de manera que coincidan. Perfora en el lugar indicado.

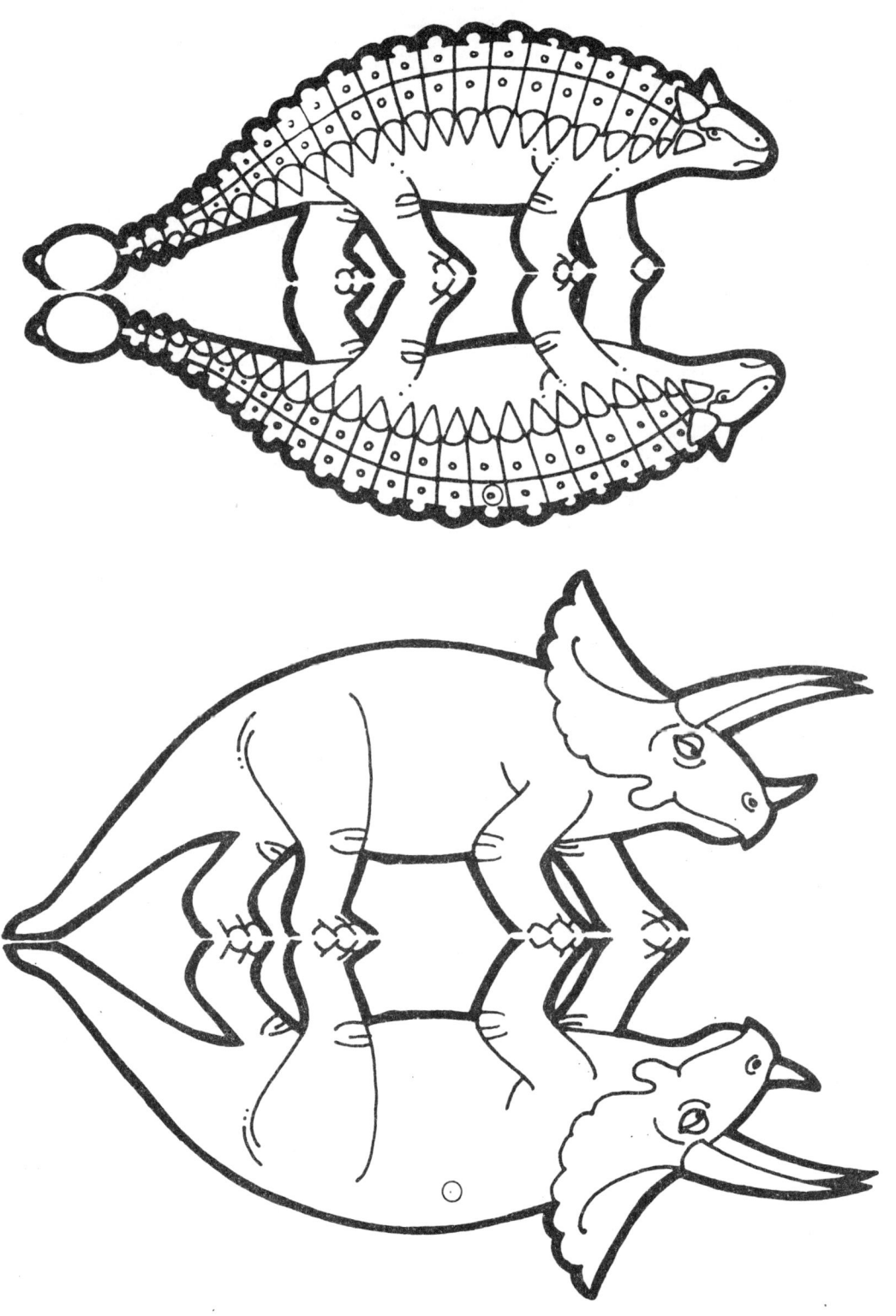

Indice

El mundo de los dinosaurios — 7
Introducción: Qué son los dinosaurios — 9
Cómo leer el libro — 10

Cómo se conservaron — 11
Recuerdos de un pasado remoto — 12
    Cómo se forma un fósil — 12
    Imitemos a la naturaleza: vamos a fabricar fósiles — 13
    Vamos a buscar fósiles — 14
    El equipo de campo — 16
    Buscando fósiles en la ciudad — 17
    Cómo se extrae el molde de un fósil — 18
    La buscadora de fósiles más pequeña del mundo — 19
    Un yacimiento en nuestro patio — 20
Reconstruyendo dinosaurios — 21

Cómo eran los dinosaurios — 23
Dinosaurios para todos los gustos — 24
Radiografía de un dinosaurio — 26
Animales que no eran dinosaurios — 28
¿Sangre caliente o sangre fría? — 30
Cómo se alimentaban — 32
    Dentistas prehistóricos — 34
    Construyamos un poster dental — 35
    Piedras para el almuerzo — 36
    Investigando la digestión de un dinosaurio — 37
Dinosaurios de colores — 38
    Camuflados para atacar — 40
Cuidando las crías — 42
    Construyamos un nido de dinosaurios — 44
Un órgano importante: la cola — 46
    Armemos un colgante móvil — 47

Dinosaurios diferentes — 49
Arbol familiar de los dinosaurios — 50
Dinosaurios carnívoros — 52
    Los primeros carnívoros — 54
    Los "cola hueca" — 56
    Cómo conseguir un rastro fósil...en una plaza — 58
    Dinosaurio avestruz o avestruz-dinosaurio — 60
    Armas mortales — 62
    Grandes carnívoros — 64
    Caminando como un Trianosaurio — 67
    Dinosaurios herbívoros — 68

Largos reptiles ——————————————— 70
Nueva cabeza y nuevo nombre ————————— 71
Reptiles titánicos ——————————————— 72
Otros saurópodos ——————————————— 74
Braquiosaurios ———————————————— 75
Patas como las aves —————————————— 76
Historia de un diente ————————————— 78
Realicemos dino-medidas ———————————— 80
Graficando las dino-medidas ———————————— 81
Los dinosaurios más largos y altos ——————————— 82
Dinosaurios pico de pato ————————————— 84
Crestas muy extrañas —————————————— 86
Defenderse bien ———————————————— 87
Enfrentando al enemigo —————————————— 88
Dinosaurios con placas —————————————— 89
Cerebros y cuerpos ——————————————— 90
Tanques prehistóricos —————————————— 91
Dinosaurios con cuernos ————————————— 93
Repasando las defensas ————————————— 94

Cuándo y dónde vivieron —————————————— 95
Cuándo comenzó la vida en nuestro planeta ————————— 96
   Construyamos un superalmanaque ——————————— 96
   Cómo proteger nuestro superalmanaque —————————— 97
   Cuándo vivieron los dinosaurios ——————————— 98
   Investigando en los libros ————————————— 98
   Cómo era la Tierra en el Mesozoico ——————————— 100
   El Triásico ——————————————————— 102
   El Jurásico ——————————————————— 104
   El Cretácico —————————————————— 106
   Vamos a construir mapas del Mesozoico —————————— 108
   Dinosaurios en Sudamérica ————————————— 109
   Dinosaurios en Argentina —————————————— 110
   ¿Dinosaurios con plumas? —————————————— 112
   El final ————————————————————— 114
   Elige tu propia teoría ——————————————— 115
   Cómo hacer la maqueta —————————————— 116

Completa el cupón y envíalo a **EDITORIAL ALBATROS** - H. Yrigoyen 3920 (1208) Capital

TM/0522

Nombre y Apellido: ....

Dirección: ....Localidad: ....

C.P.: ....Edad: ....Fecha nac.: ....

Nombre del libro: ....

¿Cómo adquiriste el libro? Librerías ❏   Círculo Lectores ❏   Otros............................

¿Cuál es tu opinión del libro?..

¿Qué experiencias realizaste?...

¿Tuviste dificultades? ¿En qué? Marca con una cruz

❏   Comprensión del texto   ❏   Realización de actividades

❏   Otras ....

¿Qué sugerencias harías?...

¿Qué otros temas son de tu interés? Marca con una cruz.

❏ Arte   ❏ Cocina   ❏ Ecología   ❏ Manualidades

❏ Deportes ❏ Ciencias   ❏ Juegos   ❏ Historia

❏ Otros

Se terminó de imprimir en el mes de julio de 1993
en los talleres de M.P.S. S.R.L., Sgo. del Estero 338, Lanús.
Provincia de Buenos Aires